La joie d'amour

Robert MISRAHI

La joie d'amour

Pour une érotique du bonheur

Préface de Michel Onfray

ESSAI

© Éditions Autrement, 2014

Préface
La volonté de jouissance

Performance à saluer, Robert Misrahi a traversé le XXe siècle indemne de toutes ses errances philosophiques : marxisme, léninisme, heideggerianisme, freudisme, lacanisme, structuralisme, maoïsme, trotskysme. Il n'a donc pas eu besoin de donner plus tard dans l'anticommunisme des anciens compagnons de route de l'Union soviétique ou dans le retour au religieux monothéiste des Nouveaux Philosophes pour expier une faute ontologique de jeunesse jamais commise ! Pareille pensée fait du bien dans l'univers frelaté de l'historiographie dominante qui prend des vessies philosophantes pour des lanternes philosophiques.

Cet homme a été l'élève de Bachelard et de Jankélévitch, il a connu Sartre et Beauvoir, côtoyé Camus et Merleau-Ponty, il a enseigné à la Sorbonne, écrit une quantité de livres de philosophie, beaucoup publié sur Spinoza dont il est, me semble-t-il, le meilleur exégète (car il rend clair dans ses livres ce qui se présente de façon compliquée dans l'œuvre du penseur hollandais), il a épousé une psychanalyste lacanienne, bien qu'il affirme avec passion l'existence de la liberté, de la conscience, de la volonté libre et qu'il ne souscrive à aucun des déterminismes qui a fait le malheur du siècle dernier (l'économie ou l'inconscient). Robert Misrahi a dit ce qu'était la philosophie de la joie spinoziste, mais il a également tâché d'incarner cette sagesse dans son existence.

Un premier volume autobiographique, *La Nacre et le Rocher*, a permis à ses lecteurs : de suivre son trajet de jeune juif refusant de paraître juif aux yeux de qui il ne souhaitait pas apparaître comme tel ; de voir comment il s'est choisi juif et ne s'est pas laissé imposer cette identité par une quelconque extériorité ; de saisir sa construction de lui-même entre un père tailleur qui croit à la liberté créée par le savoir et une mère qui perd la raison et vit une partie de sa vie recluse, loin du monde ; de comprendre que nous sommes ce que nous faisons de ce que les autres ont voulu faire de nous, formule sartrienne ; d'assister à ses relations avec Sartre et Beauvoir à qui il a donné l'inspiration pour tel ou tel livre des deux comparses ; de voir les volte-face de Sartre sur la question juive (de la négation de l'être juif dans l'après-guerre à l'affirmation de la vérité révolutionnaire du messianisme juif de ses dernières années, en passant par la défense des terroristes palestiniens de Septembre noir...) ; d'assister à son trajet sioniste qui le conduit à poser une bombe à Londres dans ses jeunes années, à sa défense contemporaine de la politique d'Israël – et bien d'autres sujets...

Mais il manquait à ce livre autobiographique des considérations sur l'amour, la sexualité, les femmes – dont je sais, grâce à ses confidences, l'importance que ce monde a tenu dans sa vie. Robert Misrahi est né le 3 janvier 1926. Il a donc été marié ; il est veuf aujourd'hui. Il a dit qu'il avait songé au suicide après la disparition de son épouse. Mais la vie a repris le dessus, il reste fidèle à « la puissance d'exister » spinoziste.

Je l'ai donc sollicité pour une apostille *érotique* à son autobiographie. La voici. Dans ce livre, on retrouve les fondamentaux de sa philosophie : l'homme est d'abord liberté ; il est créature de Désir ; il vise le Bonheur et la Joie – ce qui nomme le Préférable ; l'eudémonisme est la vérité de la sagesse philosophique ; la philosophie n'est pas pure théorie, mais invitation à mener une vie philosophique ; la joie de Spinoza est un objectif intempestif, inactuel, donc d'actualité pour toujours ; la conversion est le moment où la vie triviale et banale devient, par un effet du vouloir libre et conscient, volontaire et choisie, vie philosophique. Le tout de cette philosophie se trouve appliqué au domaine de l'érotique.

Certes, l'érotique doit se distinguer de ce que le marché, le consumérisme et le capitalisme en ont fait : une marchandise détestable, un spectacle obscène, un signe nihiliste de nos temps sans éthique et sans morale. L'érotique est art de l'amour en tant qu'il concerne le corps concret, corps de chair, de désir, d'émotions, de plaisirs, de frissons, de caresses.

Robert Misrahi prend soin de dire tout le dégoût que lui inspire la sexualité qui serait sa propre fin : les nuits de pure dépense sexuelle, les partouzes sans âme, l'échangisme consumériste, l'accumulation de conquêtes pour établir une liste à la Don Juan, le triolisme. Il explique pourquoi la sexualité d'ogre de Victor Hugo ne constitue pas un modèle ; pour quelles raisons le couple Sartre et Beauvoir fut loin d'être aussi merveilleux que la légende a bien voulu dire – et veut bien le dire encore parfois ; au nom de quoi la polygamie institutionnelle n'est pas une bonne chose ; en vertu de quels attendus la transgression que Sade et Bataille appellent de leurs souhaits n'est pas une solution. Autrement dit : pourquoi le libertinage ne constitue pas une réponse adéquate au problème de l'éros postchrétien.

Il effectue une analyse nietzschéenne et... sartrienne de notre rapport libidinal au monde : *nietzschéenne*, parce qu'il fustige le christianisme d'avoir créé ce corps malade, névrosé, pathologique, jaloux, envieux, possesseur, propriétaire, exclusif, d'avoir sali la sexualité, l'érotisme, les femmes, d'avoir décrété détestables les désirs, les plaisirs, les passions, la chair, d'avoir inventé le mariage, la fidélité, la monogamie, la chasteté à défaut d'abstinence totale, d'avoir intimement lié Éros à Thanatos ; *sartrienne*, parce qu'il affirme que ce qui est ne l'est que parce que nous le voulons comme tel.

Autrement dit : si nous sommes jaloux, c'est parce que nous le voulons bien. Il n'y a que travail de la volonté masochiste lorsque nous ressentons cette passion triste à l'endroit du tiers qui exerce sa liberté sexuelle. Pourquoi souffrir du plaisir de celui ou de celle qu'on aime s'il ne passe pas par nous ? La jouissance que l'autre a sans nous ne nous enlève rien. C'est parce que nous nous imaginons ce que l'autre fait dans le détail, en insistant sur les détails anatomiques, en se comparant avec un ou une rivale son plaisir que l'on présentifie à la conscience. En imaginant ce que l'autre fait, on lâche les chiens masochistes contre soi : il suffit de ne pas vouloir activer son imagination dans le registre des passions tristes pour qu'il n'y ait pas de passions tristes. La jalousie n'existe que parce que la conscience n'a pas travaillé contre elle et l'a voulue telle en laissant les pleins pouvoirs à l'imagination : « C'est par sa seule imagination que le sujet souffre et se fait souffrir », écrit notre vieux sage qui fait fonctionner la même méthode pour expliquer que nous n'avons pas de bonnes raisons de parler de trahison en matière d'amour.

Robert Misrahi sait que le temps attaque sévèrement l'amour, qu'il le détruit, l'entame, l'abîme ; que l'habitude tue l'amour ; que le vieillissement modifie la donne en matière d'intersubjectivité sexuée ; que la monogamie, la fidélité, la cohabitation augmentent l'entropie ; que la lassitude s'installe obligatoirement au bout d'un certain temps et qu'il faut, pour la conjurer ou la congédier, de l'imagination, un talent pour l'invention de nouvelles possibilités érotiques.

Que faire ? Robert Misrahi propose de construire *un amour philosophique* : autrement dit, de prendre conscience de notre nature de sujets libres, doués de conscience, disposant d'un formidable pouvoir avec la volonté. Il propose une volonté de jouissance. L'eudémonisme est la loi de la vie. Il faut vouloir la joie – elle ne vient pas si on ne la veut pas. Cette volonté suppose *la conversion*. Chacun doit savoir qui il est, à savoir : un sujet libre, un sujet de désir, un sujet qui veut le plaisir, un sujet en relation avec un autre sujet pareillement structuré d'un point de vue ontologique.

Cette conversion suppose *la réversibilité* : ce que je veux pour moi, l'autre le veut pour lui et chacun a raison de vouloir réaliser son bonheur. Je dois vouloir ce que l'autre veut comme moi je le veux. Il faut donc une *double conversion* : la conversion d'un seul suppose un être qui veut jouir et un autre qui ne le veut pas. Dans le cas d'une dissymétrie, il y a sentiment de propriété, jalousie, crises, reproches, scènes. Cette configuration oblige à « une éthique du secret », autrement dit à « l'amour discret ». On ne peut infliger à celui qui n'a pas effectué sa conversion une liberté qui agirait sur lui comme un alcool trop fort.

S'il y a double conversion, alors le couple peut envisager « l'amour multiple », autrement dit, non pas des sexualités de passage, un libertinage consumériste, une collection libidinale, mais une possibilité de vivre plusieurs amours en toute liberté, dans la paix.

Robert Misrahi ne dit pas ce qu'il en fut dans la réalité, dans le concret de sa vie. On voit bien ici ou là qu'il propose un plaidoyer *pro domo*, qu'assez probablement il a connu l'impasse d'une conversion solitaire, pratiqué la double conversion en dehors de son couple, qu'il y a trouvé son équilibre qu'il nomme « l'amour tout autre ».

Parfois, l'auteur tire un peu le rideau de son alcôve : on voit qu'il aime les caresses, qu'il en effectue une phénoménologie qui témoigne, que sa sexualité n'a rien à voir avec celle de Sade ou de Bataille, de Sartre et de Beauvoir, mais plus de Fourier. Il nous dit en effet quel rôle peuvent jouer, outre les caresses, les confitures, les dégustations de thés, l'écoute partagée de musique, la « présentation humoristique de diverses tenues vestimentaires somptueuses ».

On remet alors le rideau en place pour laisser le penseur spinoziste à son alcôve et l'on n'oubliera pas que sa famille vient du Bosphore et que Robert Misrahi écrit plus dans l'esprit des *Mille et Une Nuits* que des *120 Journées de*

Sodome. Une leçon pour qui, comme moi, pense que pour en finir avec le christianisme en matière de sexualité, il faut abolir Sade et donner les pleins pouvoirs au *Nouveau Monde amoureux* de Charles Fourier – qui aurait aimé ce livre de Robert Misrahi...

Michel Onfray

À Soledad

Introduction
Autobiographie et signification de l'érotique

Dans mon dernier ouvrage, je m'efforçais de livrer un récit de ma vie qui réponde à un double objectif : d'une part, rendre compte de ma vie comme action de ma pensée et de mes actes sur mon être, et, d'autre part, éclairer l'émergence et le contenu de mes livres dans leur ancrage biographique et dans leur efficacité existentielle. Cette analyse globale n'avait pas de but narcissique ou moral, elle n'avait qu'un but de transmission et, comme on dit aujourd'hui, de partage. Je soulignais constamment le fait que cet itinéraire de ma vie, qui était en même temps un itinéraire de ma liberté, avait une portée universelle : je disais que chacun peut construire sa vie comme j'ai moi-même construit la mienne.

En jetant aujourd'hui un regard rétrospectif sur cette autobiographie, c'est-à-dire sur ma vie telle que je l'ai librement reconstruite dans sa véracité, je vois bien que je dois procéder maintenant à une sorte d'explication supplémentaire. Non pas seulement à un approfondissement de mes analyses, mais à l'explicitation de l'un des enjeux majeurs de mon existence. Cette mise en pleine lumière et ce creusement d'une signification particulière sont offerts et proposés au lecteur pour qu'il me connaisse mieux comme auteur, mais aussi pour qu'il tire de l'expérience et de la pensée proposées un profit supplémentaire. C'est là, en tout cas, mon espoir.

Il apparaît alors, dans ce regard rétrospectif et réfléchi, que l'un des enjeux fondamentaux de ma pensée et de ma vie fut le lien indissociable que j'établissais (et que j'établis encore) entre ma recherche du bonheur et la place de l'amour dans ma conception de ce bonheur.

Je n'affirme pas simplement une évidence qui frôlerait le truisme et qui dirait qu'il n'y a pas de bonheur sans amour. Chacun sait que la solitude peut être la matrice du malheur. Je dis, plus précisément, qu'il y a un lien intrinsèque entre ma conception du bonheur et ma conception de l'amour. C'est ce lien qu'il m'appartient aujourd'hui de mieux expliciter et de mieux comprendre. Certes, j'ai déjà évoqué ailleurs le fait qu'à mes yeux seul un amour « tout autre » pouvait entrer comme élément dans la construction du bonheur, et que seuls des sujets réfléchis (« convertis ») pouvaient accéder à la vraie joie d'amour, en même temps qu'à la joie de l'autonomie et de la jouissance esthétique du monde. Mais cette évocation (dans *Les Actes de la joie*) restait volontairement générale, tandis que, dans mon autobiographie, elle se voulait simplement allusive.

Mais si, dans un nouveau regard rétrospectif sur moi-même, mon expérience et ma pensée de l'amour s'avèrent comme l'un des enjeux fondamentaux de ma conception du bonheur, c'est-à-dire de l'accomplissement, il devient impératif d'élucider encore plus les implications de cette expérience et de cette pensée. Je pourrai ainsi proposer une doctrine plus concrète et plus explicite de l'amour en tant qu'il est l'une des composantes du bonheur même.

On peut aller plus loin. Si l'on croit pouvoir opposer à mon « optimisme » un regard sur la dure réalité, c'est qu'on ignore et le rôle de la conversion dans ma démarche, et le rôle de l'amour tel que je le conçois et le vis.

Après avoir longuement évoqué cette dure réalité des souffrances amoureuses, je me propose de décrire de plus près, dans sa dimension sociale et existentielle, comment l'amour doit se présenter si l'on veut qu'il soit à la fois le porteur privilégié de la joie et la clé même de cette suprême valeur immanente que j'appelle le Préférable. Deux faits seront à souligner et à comprendre. Deux faits rencontrés dans l'autobiographie mais non examinés pour eux-mêmes. Le premier fait est le lien étroit de la pensée réfléchie à l'amour véritable, et le second est la présence simultanée de plusieurs êtres aimés dans l'existence et le Désir du sujet.

Je suis donc incité, par la logique même de mes recherches, de ma vie, et de mes rencontres, à entreprendre ici une étude un peu approfondie de l'amour, tel qu'on pourrait le concevoir en un XXIe siècle non religieux, si l'on désirait accéder au sens, c'est-à-dire à la plénitude dynamique et à l'intensité de la vie.

J'appellerai « érotique » (comme on dit une « éthique » ou une « herméneutique ») cette philosophie de l'amour que je propose aujourd'hui.

Il ne s'agira pas de l'érotisme, au sens où on l'entend couramment, c'est-à-dire comme techniques de l'incitation au plaisir sexuel. Je n'évoquerai donc pas, par exemple, la littérature de Georges Bataille, ni les romans libertins du XVIIIe siècle. Ces œuvres, on le sait, tournent autour de la « transgression ». Mais elles impliquent par là une morale établie, une morale pudibonde qui considère comme une faute grave le fait de caresser le corps d'une femme en le disant, et comme une faute impardonnable le fait de « désirer » (comme on dit) une autre femme que son épouse ou bien celui de s'unir charnellement selon d'autres modalités que les modalités habituelles. En fait, cette littérature dite érotique repose tout entière sur l'idée de provocation et oublie de considérer la pauvreté de cette provocation. En outre, elle met en scène une indignation de façade dont personne n'est dupe, et une satisfaction (une « jouissance », disent les psys) qui repose sur une complicité, sur une connivence de l'auteur et du lecteur quant à la provocation méchante et quant au « plaisir » supposé. Je n'évoquerai pas non plus l'industrie pornographique, ses profits, ses contresens et ses ignorances. Je dirai seulement que la pornographie visuelle a l'inconvénient de mettre l'amour entre parenthèses, et de supprimer paradoxalement le rapport poétique à la beauté du corps féminin, l'émotion vive ressentie face à la présence de l'être aimé comme chair, comme formes et comme personne.

Mais ce dont il sera question ici, c'est de l'amour même, dans l'intégralité de ses aspects et la multiplicité de ses figures.

Par « érotique », j'entends donc une philosophie de l'amour.

Mais « philosophie » ne veut pas dire simplement : appel à l'amour comme valeur centrale. Il ne s'agit pas d'une invocation ni d'une incantation. « Philosophie » signifie ici doctrine explicite, réfléchie et structurée des contenus et des significations de l'amour désirable. Cette description (qui sera « phénoménologique », c'est-à-dire directe) aura pour objet non seulement l'amour tel qu'il est trop souvent vécu, mais encore et surtout l'amour tel qu'il doit et peut être s'il veut atteindre à la splendeur promise. C'est dire que cette philosophie de l'amour est une éthique. Non pas qu'elle formule une quelconque injonction « morale », mais parce qu'elle propose des principes d'action et des attitudes qui pourraient faire que l'amour nous donne la joie qu'il promet.

L'érotique n'est donc pas une injonction moralisatrice à la diffusion d'un vaste « amour humaniste », elle n'est pas non plus l'appel au maximum de plaisirs sexuels. En effet, l'accumulation des seuls plaisirs sexuels ne saurait produire au mieux que la lassitude et l'ennui (que j'évoquerai aussi plus loin) et, au pire, l'angoisse de l'absurde et de la solitude par l'évidence du manque d'amour.

Au contraire, l'érotique est le système bien structuré (bien « tempéré »...) d'un style d'existence qui privilégie l'amour et la poursuite du Préférable, et qui sait concrètement « comment faire » avec la chair et l'esprit, pour que sa joie demeure.

Puisqu'il s'agit d'une éthique, cette « érotique » aura affaire à la liberté. Il s'agit pour elle d'instaurer un style d'existence qui n'existe pas encore clairement dans l'esprit collectif. Toute éthique se fonde sur la liberté, et l'éthique érotique plus que toute autre puisque, au-delà des obstacles, son but est de rendre possible « l'amour heureux ».

À cette philosophie du libre amour et de l'amour heureux, on opposera parfois l'objection d'idéalisme et d'utopie. La réponse à cette objection est dans la nature même de cette philosophie : elle est à la fois confirmation du possible réalisé (par moi-même, et par de très nombreuses personnes qui se croient « en faute » et qui accèdent pourtant à une certaine espèce de joie), et anticipation du possible réalisable (par son raisonnement hypothétique). En effet, si l'on veut l'existence heureuse, on travaille à la véritable liberté de chacun.

L'éthique de la joie
contre la morale du devoir

Il n'est pas possible de réfléchir à la place qu'on souhaite donner à l'amour dans l'existence concrète et à la nature de cet amour sans se référer d'abord à la question générale de l'éthique. J'en ai longuement traité ailleurs, mais un souci de cohérence invite à un bref rappel préliminaire de ce que l'on peut entendre par « éthique ».

On a trop souvent l'habitude de définir la morale comme la recherche des principes d'action qui permettraient l'accomplissement du « bien ». Mais ce bien reste indéterminé.

S'il s'agit d'un « bien commun », celui-ci ajoute à la définition la référence à la collectivité, mais ne répond pas à l'incertitude et à l'indétermination du mot « bien ». S'agit-il de puissance ou de prospérité ? De rayonnement externe ou d'harmonie interne ? Et, dans tous ces cas, quelles sont les sources de ces valeurs ? La guerre ? Le travail ? L'intérêt ? La culture ? Et si l'on choisit une source transcendante, de quel Dieu s'agira-t-il ? National ou universel ?

L'indétermination du « bien commun » étant indépassable, puisque chaque société en décide selon son histoire et sa volonté, et puisque le « bien » lui-même connaît la même indétermination, défini qu'il est tantôt par la « charité » et l'« amour » tantôt par la « justice » et la « rigueur », la philosophie a cru, avec Kant, résoudre ce problème en donnant le primat à la notion de « devoir ».

Et le devoir n'aurait aucun contenu particulier, tous les contenus concrets étant affectifs, attachés aux intérêts et aux « inclinations » des individus dans leur singularité et leur égoïsme, ils seraient sans valeur morale. Étant, lui, « désintéressé », le devoir ne comporte donc, selon ses défenseurs, que la simple orthodoxie de l'intention morale et il se pose essentiellement comme « obéissance à la loi morale ». Le devoir est donc pure obéissance à la Loi. C'est ainsi que la conçoivent aussi bien Kant (avec le « formalisme » de l'intention bonne parce que obéissante et désintéressée) que Lacan (soulignant ce qu'il dit être la puissance répressive de la Loi contre la sexualité, c'est-à-dire en fait la censure « inconsciente » du désir par la Loi).

Que la soumission à la Loi soit, comme chez Kant, fondée sur une obscure conception métaphysique de la Raison pratique, ou, comme chez Lacan, sur une obscure conception psychanalytique de l'« inconscient » répressif, toujours est-il que la morale est une puissance aussi indéterminée que coercitive. Elle est la voix de la Raison en général ou de l'inconscient en général, voix qui s'impose aux individus et à leurs désirs.

Mais on doit bien constater quelques-unes des insuffisances de cette doctrine qui réduit toute la recherche de principes pour l'action à l'obéissance inconditionnelle à des puissances extérieures à l'individu et difficilement définissables : ni la Raison pratique ni l'Inconscient n'ont une définition qui permettrait de rendre compte réellement des actions et des aspirations *individuelles*.

Et si nous considérons le « devoir » en lui-même, indépendamment des auteurs favorables, quoi qu'ils disent, à une « répression » de l'individualité désirante, nous observerons plusieurs autres difficultés.

Remarquons que Lacan (peu cohérent) décelait déjà dans la morale kantienne un sadisme, et espérons qu'ainsi il la condamne. Remarquons aussi que, selon Lacan, le désir est l'impossible, l'individu étant nécessairement « manque à être » (comme chez Sartre), ce manque ne pouvant jamais être comblé.

Ainsi, la pensée dominante aujourd'hui affirme simultanément que la vie concrète doit être commandée par une Loi et un Devoir sans définition ni contenu, et que cette vie, devenue « morale », ne saurait former aucun espoir d'être comblée. Certes, Sartre fait la critique de la notion de devoir en montrant qu'il est une instance complice qui, dans le sujet et par lui, le « saisit par-derrière ». Mais sa morale de la responsabilité reste aussi formelle que celle de Kant. Si, pour Sartre, la responsabilité à « assumer » est le fait que l'individu doit reconnaître qu'il est la source de ses propres choix et de ses propres actions, aucun contenu, aucune valeur concrète ne sont proposées à l'action. L'existence pour Sartre reste une « passion inutile ».

Au passage, ces penseurs de la liberté et de la responsabilité formelle nous livrent leur conception de l'amour : pour Kant, l'affectivité est l'irruption de la matérialité dont la Raison pratique doit se dégager, et, pour Sartre, « le conflit est l'essence des relations à autrui ».

On le voit, la « morale » est incapable d'organiser réellement l'action ou d'inspirer ses motivations. Braqué sur la recherche de la « pureté », le sujet poursuit d'abord son propre mérite et, fasciné par un « bien » inaccessible dans sa perfection, il choisit souvent l'inaction : on se souvient de la critique hégélienne de la « belle âme ». Pour inspirer et diriger l'action, il est donc nécessaire d'avoir recours à d'autres principes que ceux fournis par la « morale ».

Une objection vient immédiatement à l'esprit. Souligner ainsi l'insuffisance de la morale, tellement abstraite et indéterminée, n'est-ce pas un masque pour « occulter », cacher la détermination à poursuivre son propre intérêt ? La critique de la morale serait alors une manœuvre dilatoire pour justifier les choix de l'ego, les choix du désir et de la convoitise, les choix de la subjectivité. La critique de la morale serait alors opérée par la mauvaise foi ou par une ruse « inconsciente ».

Cette objection, on peut remarquer qu'elle peut être retournée contre les défenseurs de la morale : ne défendent-ils pas leurs propres intérêts ? Leur propre adhésion à un certain ordre social ? Leur propre « salut » ? Ne justifient-ils pas leurs si nombreux manquements objectifs, soit par la pureté de leurs intentions, soit par la faiblesse inhérente à l'être humain, faiblesse qui ferait barrage à son accès à la « perfection » ?

En fait, la « morale » est ou bien formelle et vide, ou bien purement verbale, « performatrice » et idéelle.

On peut renforcer ces brèves analyses par une constatation de fait : l'éloge et la défense de la morale n'ont pas empêché les massacres du xxe siècle : Eichmann, lors de son procès à Jérusalem, dans les années 1960, se vantait d'avoir lu Kant et de n'avoir fait que son devoir. Les fascistes islamistes contemporains préconisent le retour à une « pureté » des origines et donc à la morale, et pratiquent en même temps l'assassinat des enfants et les meurtres collectifs. Des prêtres chrétiens sont pédophiles, des spéculateurs s'enrichissent en chassant les gens de leurs demeures, des maris (nombreux, ici ou là) frappent leurs épouses, des couples se trahissent, des responsables politiques se laissent corrompre. Violence, malversations et irresponsabilité forment le fond sonore de notre société.

Et cette société (les citoyens, les leaders, les médias) ne cesse d'invoquer la « morale » ou de se situer dans sa perspective. Elle veut « moraliser » la politique, les finances et le commerce. Elle souhaite, de la part des assassins et des repris de justice, du remords et des regrets. Financiers, spéculateurs ou politiciens inactifs prônent la « compassion » et la « solidarité » envers ceux qui « souffrent ».

Par ailleurs, des hommes politiques bien intentionnés proposent une « morale laïque » et suggèrent que celle-ci soit désormais enseignée à l'école. Mais, pour justifier leur proposition, ils se bornent à souligner la nécessité de se référer au « bien », au « mal » et à ce qui est interdit pour rendre possible le « vivre ensemble ». On le voit, cette proposition reste aussi formelle et conventionnelle que les morales du devoir et ne dépasse pas le niveau des morales sociales d'un Bouglé ou d'un Durkheim, au début du siècle dernier.

Bref : la morale, invoquée par tous, n'est pas l'inspiratrice réelle de la vie sociale et individuelle. Et elle n'est pas la source précise d'actions concrètes qui pourraient conduire les sujets et les groupes à leur accomplissement en même temps qu'à leur harmonie.
Il y a là comme une barbarie à bas bruit. Et il est évident que la barbarie se déchaînerait sans limites si n'existait pas le système coercitif des lois civiles et la maîtrise au moins relative de la violence rendue possible par les législations.
Face à cette situation, l'individu, qui est forcément aussi un citoyen, peut souhaiter d'abord une autre pratique et une autre doctrine politiques. Mais les réformes et les révolutions reposent sur l'action des individus assemblés : les modifications politiques devraient être les conséquences (et non les préalables) de nouvelles pratiques et de nouvelles doctrines élaborées d'abord par des individus. Une nouvelle culture de l'action doit précéder une nouvelle doctrine politique.
En termes simples et traditionnels, cela signifie que, après l'échec évident de la morale dans la maîtrise de l'action et de l'existence, ce n'est pas la politique qui est en mesure de répondre à la question de ce que nous appelons le « désastre » (et qui est la situation générale de violence et d'aliénation). Une politique neuve, certes indispensable, doit être précédée par une éthique. Seule une éthique neuve permettrait, avec des

perspectives existentielles fondatrices, d'instaurer réellement ces modifications politiques que tous souhaitent ardemment.

Ici, nous ne traiterons pas cette problématique politique. Nous en avons évoqué les grandes lignes dans *Existence et Démocratie*, mais aussi dans *Éthique, Politique et Bonheur* (le tome II de notre *Traité du bonheur*) et dans *Le Travail de la liberté*. Nous pourrons donc revenir sur la question politique ultérieurement. Mais ici, l'urgence est à la question éthique, et cela à un double titre : l'éthique est non seulement le préalable à toute politique qui se voudrait réellement humaniste, mais encore la réponse à l'échec de la morale tel que nous l'avons évoqué plus haut.

Mais qu'est-ce donc que l'éthique ? Il n'y en a évidemment pas de définition officielle et universellement admise. Je ne pourrai donc proposer que ma propre conception, en souhaitant qu'elle soit la plus cohérente et la plus ouverte.

Il convient d'abord de récuser l'usage courant du mot « éthique » : il est trop souvent utilisé comme substitut de la « morale », de l'exigence morale et de la pureté responsable et désintéressée. Songeons aux comités d'éthique médicale, au commerce « éthique » ou à l'absence de sens éthique invoqué par les psychiatres à propos des assassins ou des violeurs. Remplacer la « morale » présomptueuse par l'« éthique » plus modeste et démocratique ne permet pas de répondre aux problèmes de l'action (et donc de l'amour) si l'on confère au terme nouveau le même sens qu'au terme ancien.

Je proposerai donc une tout autre conception de l'éthique que celle qui est impliquée dans l'usage contemporain du mot, usage qui n'est qu'une tautologie[1].

À mon sens, l'éthique est un ensemble de fins et de principes destinés à orienter l'action globale d'un sujet dans son existence concrète. Cet ensemble de fins et de buts n'est pas consacré à la réalisation du « bien » (pureté, devoir et mérite), ni à la recherche d'un absolu (métaphysique ou religieux), mais à l'accomplissement de la *vocation humaine*.

Avant de décrire cette vocation, on doit préciser les grandes lignes de la nature humaine, les grandes lignes de ce qui constitue un être humain, ou qui constitue l'entière réalisation de ce que peut atteindre l'être humain.

La société est constituée par l'histoire, et celle-ci est le fruit constant des actions des individus au sein ou à l'encontre d'une législation qu'ils fondent et animent d'une façon continue. C'est donc sur l'individu que doit se porter d'abord notre attention. Sans vouloir répéter toutes les analyses détaillées que j'en ai données dans mes livres, je veux en souligner les traits principaux.

Un être humain est une unité corps-esprit, unité consciente d'elle-même comme telle. L'individu est ainsi un corps-sujet qui s'affirme et se reconnaît comme tel à la première personne. Les anciens concepts de matérialisme et d'idéalisme ne sont pas en mesure de rendre compte de ce fait. Ce corps-sujet est un être agissant, une personnalité concrète et une conscience de soi. C'est pourquoi l'individu est toujours un sujet. Il est conscient de lui-même comme présence et comme identité. Et cette *réflexivité* est en même temps une *liberté*.

Ce sujet est d'abord l'individu concret, l'être de la vie quotidienne, et il n'est pas d'abord cultivé ou souverain. La maîtrise de soi, le « gouvernement des passions », la culture générale ou spécialisée, l'entente avec autrui, la générosité interindividuelle ou politique, toutes ces attitudes et ces richesses qui constituent ce qu'on entend couramment par « sujet », ne sont pas des données immédiates mais des conquêtes progressives. Cependant, ces progrès de la raison et de la liberté ne seraient pas possibles si, *d'abord*, l'individu n'était pas *déjà* une conscience de soi (réflexivité) et une liberté, c'est-à-dire un sujet.

C'est en effet cet individu immédiatement donné que nous appellerons *sujet*. Seul un tel être est capable de se hausser lui-même vers un meilleur accomplissement. Et c'est bien d'accomplissement qu'il va s'agir. Car le sujet, cet être de premier niveau (réflexivité) qui s'élèvera par la réflexion à un second niveau de l'existence, n'est pas seulement identité à soi et liberté spontanée, il est aussi *Désir*.

Il est en même temps conscience de soi et Désir. Celui-ci n'est pas une force psychique qui serait étrangère au moi, au sujet ; il *est* ce moi, ce sujet. C'est le sujet qui désire.

Certes, l'action spontanée du Désir peut d'abord être confuse, contradictoire et ignorante de son propre sens, elle n'en est pas moins toujours consciente. C'est par là que cette activité du Désir pourra, si elle le désire, devenir une maîtrise de soi.

Mais l'essentiel, ici, ne réside pas dans cette maîtrise ultérieure du Désir par lui-même. L'essentiel est de cerner clairement ce que le Désir désire, en son fond.

Il poursuit la complétude. Il n'est pas, comme on le croit trop souvent aujourd'hui (Schopenhauer, Freud, Sartre, Lacan), un manque indépassable, un « manque à être » qui serait, comme tel, la source de notre insatisfaction permanente, de notre angoisse et de notre malheur. Bien au contraire, le Désir est le mouvement dynamique du manque qui se dirige vers sa propre suppression comme manque et donc vers son propre accomplissement comme plaisir et comme joie. Ce n'est pas le vide qui est la source de l'action (comme le croit souvent l'Extrême-Orient... et nos contemporains), c'est l'anticipation de l'accès à la plénitude. Celle-ci est d'abord plaisir des sens, puis plaisir et joie de l'être entier, puis contentement, satisfaction, adhésion pleine et entière, « spirituelle » et « charnelle ». Avec la plénitude, active ou contemplative, sont atteints le sens et la justification. Lorsque je « désire » une femme, je ne songe pas à mon insatisfaction présente ou à ma solitude (certes réelles), mais à la joie que me donnent sa présence sensuelle et son rayonnement, et à la joie que me donneraient l'instauration d'une rencontre et l'entrée dans le plaisir d'amour si celui-ci pouvait être également désiré par l'autre.

J'appellerai « accomplissement », ou bonheur, cette plénitude de la conscience atteinte par la « réalisation » de son plus profond désir, c'est-à-dire du Désir même. Et j'appellerai *Joie* ce qui est vécu par la conscience individuelle comme plénitude et éclat, en même temps que comme adhésion à soi, choix réfléchi et action souveraine.

Ce mouvement du Désir vers son accomplissement prend vie et sens par l'autre et par la relation à l'autre. C'est là une autre donnée permanente de la conscience humaine. Par sa nature spéculaire (en miroir), c'est-à-dire sa réflexivité, un sujet humain est immédiatement capable de reconnaître en l'autre un autre être humain doué comme lui-même de conscience et de désir, et de constituer cet autre comme la source de son propre sens et de sa propre force. La reconnaissance réciproque est, dans la rencontre, le mouvement même des Désirs dans la recherche de leur accomplissement. C'est ainsi que le « trouble » de la « séduction » réciproque n'est pas le prétendu sentiment d'être « capté » par une force extérieure, mais l'anticipation à la fois forte et indéterminée d'un plaisir et d'une joie, le plaisir et la joie de la rencontre qui s'exprimeront dans la caresse et ses prolongements.

Par la suite, et grâce à la réciprocité, peut se déployer une vie commune (avec ou sans cohabitation) qui se consacrera à la jouissance et à la contemplation des beautés du monde, qu'elles soient naturelles ou esthétiques.

Une éthique de la joie est ainsi dessinée. Sur la base de la nature même de l'être humain comme conscience et liberté, mais aussi comme Désir et relation, le sujet peut décider de poursuivre explicitement cet accomplissement qu'il désire par nature. L'éthique sera pour lui l'attention constante et réfléchie portée à l'organisation de sa vie en vue de l'obtention et de la joie de vivre et du sens de la vie. Joie et sens constitueront le suprême désirable. L'accomplissement de soi, avec l'autre et par la liberté commune, devient ainsi l'enjeu majeur.

J'appellerai Préférable (et non Valeur) cet enjeu existentiel radical. Une forme concrète de l'existence, découlant du choix de la joie comme étoffe de la vie, sera tenue pour préférable à toute autre forme d'existence. C'est un sujet humain libre et conscient qui seul peut préférer une vie à une autre. Et j'appelle Préférable la forme de vie choisie par un sujet comme étant la seule qui, parmi toutes les existences possibles qui s'offrent à lui, sera en mesure de répondre à son grand désir de jouissance et de signification.

Il est clair que ce Préférable, cette forme extrême de vie, de joie et de plaisir, doit être partagé par le sujet et par l'être qu'il aime pour sa chair, sa présence, la couleur de ses yeux et sa manière d'exister et de parler.

L'éthique de la joie, ici, ne dit pas que tout individu est déjà heureux, elle dit que la joie véritable, la joie intense et réfléchie qui se présente comme le Préférable absolu et l'enjeu radical, est une vie à construire et non une grâce à recevoir. Le Préférable, comme visée et comme réalité, comme enjeu face à la vie et à la mort, est à la fois ce qui exprime le mieux la nature humaine telle qu'elle est dans son mouvement, et la vocation humaine telle qu'elle peut être dans son accomplissement.

Ce que préconise l'éthique de la joie est donc l'accès au bonheur, c'est-à-dire à la plus haute conscience de soi et de son Désir accompli.

Cette ambition, cet « enjeu » ne sont pas abstraits et indéterminés. Le bonheur et l'accomplissement sont des vécus effectifs qui se déploient dans le temps tout en étant susceptibles d'être parfois l'expérience de l'intemporel, l'expérience de ces moments absolument valables et intenses, capables de s'inscrire à jamais dans la mémoire. Ces vécus sont la conscience vive de joies actives.

Seules les joies qui sont des actes et résultent en effet de l'activité des sujets sont en mesure de constituer, par leur fréquence et leur disponibilité, un accomplissement assez intense pour mériter le nom de bonheur.

Et ces actes de la joie, indispensables à la constitution concrète du Préférable, sont la joie de fonder sa propre autonomie, la joie, c'est-à-dire la jouissance de saisir les beautés et les richesses du monde et, surtout, la joie d'amour.

Le bonheur d'être peut se nommer et se décrire : il est l'accomplissement comme joie vécue de l'autonomie des sujets, comme jouissance des richesses du monde et comme joie d'aimer et d'être aimé. Mais ce bonheur peut-il se réaliser dans la plénitude de son sens ?

Nous allons considérer l'acte de la joie le plus important et le plus décisif. Face à l'enjeu radical que sont le bonheur d'être et le Préférable, l'accès à la joie d'amour, source de toute justification et donc fondement même de l'autonomie du sujet et de la jouissance commune du monde, cette joie d'amour, en son sens le plus fort, est-elle réellement accessible ?

Cette question concerne l'éthique elle-même : si la joie de l'amour véritable était inaccessible, c'est l'éthique de la joie, et donc l'existence humaine elle-même qui en perdraient leur sens. Or, on croit trop souvent avec Aragon, le poète communiste, qu'« il n'y a pas d'amour heureux », ou, avec Sartre, que le conflit est indépassable. Qu'en est-il réellement ?

En tentant de répondre à cette question, je ne souhaite pas « sauver » l'éthique du bonheur, je souhaite poursuivre ma description (commencée dès mes premiers livres, il y a un demi-siècle) de ce qu'il faut bien appeler la liberté heureuse. L'éthique de la joie ne préconise rien de plus, mais rien de moins : elle est la théorie et la pratique de la liberté heureuse.

Mais, en affirmant que l'amour est au centre d'une telle éthique et qu'il en constitue l'une de ses visées fondamentales, ne suis-je pas victime d'une illusion perspectiviste qui privilégierait à tort la vie privée au détriment de la vie publique ? Privilégier l'amour, n'est-ce pas ignorer le politique ? Ce dernier domaine ne serait-il pas fondateur ?

La difficulté est sérieuse. Mais c'est en fait l'ensemble de ma théorie du sujet qui permet d'y répondre. J'ai montré ailleurs[2], et rappelé plus haut, que l'institution (et donc le domaine historique, politique et culturel) est seconde par rapport aux structures et aux possibilités d'action des individus : ce sont eux qui font les guerres, définissent les contrats et inventent les cultures. Qu'il y ait interaction constante et dialectique féconde entre les institutions et les individus, c'est l'évidence même. Mais, pour les comprendre, il faut *d'abord* savoir ce qu'est un individu, c'est-à-dire son Désir, sa liberté et son pouvoir.

C'est pourquoi la réduction de l'éthique à l'interrogation sur la « vie privée » serait un non-sens. Les relations affectives et charnelles ne sont pas un domaine secondaire et peu important, un domaine en retrait où les puissances affectives et les forces sexuelles régneraient à l'abri des regards dans leur originalité aussi respectable qu'arbitraire. Bien au contraire, les relations affectives et sexuelles sont le contenu qualitatif de l'existence et le sens de ces relations affectera le sens de cette existence. Une conception de l'amour a forcément des implications existentielles sur la signification de la vie : la « vie privée » est l'existence même. Et, en outre, une conception de l'amour a forcément des implications politiques et culturelles : l'existence personnelle et ses modalités se répercutent forcément sur la culture et les institutions. Ce sont les « mœurs » qui font évoluer les institutions et non l'inverse.

Nous pouvons donc maintenant reprendre notre problématique : la joie d'amour, la véritable joie du véritable amour est-elle réellement accessible ? Dans l'affirmative, quel en est le chemin ? En fait, c'est en examinant le chemin possible que je pourrai répondre à la question de l'accessibilité de la joie.

L'obstacle ordinaire
et les relations désastreuses

Il convient d'abord de débroussailler ce chemin menant à la joie d'amour. Dans la recherche d'une lucidité libératrice, la plupart des observateurs, écrivains ou psychothérapeutes s'efforcent de combattre les illusions de l'amour. Ils reprennent, en termes modernes, les critiques traditionnelles de la « passion » et souhaitent souligner la violence impersonnelle de la pulsion amoureuse, la brièveté temporelle de cet amour-passion ou le caractère illusoire de la relation qui n'aboutirait en fait à aucune communication véritable ; enfin ils pensent montrer que toutes les « vertus » attachées à l'être aimé sont le pur fruit de l'imagination de l'amant et ne justifient donc en rien le prix que celui-ci attribue à l'objet de son amour.

Toutes ces critiques s'en tiennent certes à leur intention de « déconstruction ». Elles ne s'interrogent pas sur les raisons de leur intérêt pour l'amour et ne cherchent pas les voies et les moyens qui pourraient faire que celui-ci ne soit pas systématiquement l'échec qu'elles décrivent. Il n'en reste pas moins qu'un regard critique préliminaire est indispensable si l'on veut « ré-inventer », réhabiliter, réanimer l'amour lui-même et la passion (l'« intérêt ») pour l'amour.

Mon analyse critique, fondée sur l'expérience et sur la réflexion, n'a donc pas pour but de détruire les valorisations de l'amour, celle qu'on opère à son propos, et celle qu'il opère à propos de ses objets. Elle a pour but de mieux cerner ces critiques et de les approfondir pour connaître la véritable origine des difficultés « relationnelles », et pour être ainsi en mesure de les dépasser. Il s'agit pour moi de dire comment il serait possible de faire en sorte que l'amour soit en effet un élément central du bonheur de vivre, et non un piège de l'existence malheureuse, celle-ci étant à la fois la cause et l'effet de l'amour-échec.

L'amour n'est en soi ni un échec ni un piège. Encore faut-il qu'il soit « pensé », éclairé et conduit.

Lassitude sexuelle, domination, jalousie… : vers l'échec amoureux

L'une des plus importantes difficultés que l'amour rencontre au cours de son déploiement temporel est la lassitude sexuelle. C'est du moins l'une des raisons de la transformation du sentiment d'amour. Dans cette transformation progressive disparaît peu à peu la magie de l'attirance charnelle, l'intensité du désir sexuel, le ravissement et l'extase du contact des corps et des mouvements privilégiés. L'habitude s'installe et les relations s'espacent. Peuvent apparaître alors les soupçons réciproques d'impuissance ou de frigidité, à moins que l'absence de plus en plus fréquente de réactivité charnelle ne soit attribuée par l'un ou l'autre des partenaires du couple à son « désamour » progressif ou soudain. L'indifférence sexuelle et amoureuse qui s'installe peu à peu est tenue soit pour l'effet d'une pathologie de l'affectivité et de la sexualité (pathologie d'ailleurs « inconsciente »), soit pour la cause « psychique » des dysfonctionnements sexuels. Mais que la lassitude affective et charnelle soit l'effet des troubles de l'éros ou bien leur cause, elle entraîne dit-on la fin de l'amour. Et, très souvent, il en est bien ainsi : quelles que soient ses sources, la lassitude sexuelle, dit-on, exprime ou bien entraîne la fin de l'amour.

Et parce que cette lassitude des corps est inévitable et universelle, il faudrait en conclure que l'amour est par essence voué à l'échec et donc à la mort.

Il faut impérativement dire les limites de cette critique. Elle suppose en effet que le sens et le contenu de l'amour se réduisent à la sexualité et donc à la vigueur des corps et des « pulsions ». Je dirai plus loin pourquoi cette thèse me paraît fausse. Mais on peut souligner dès maintenant que si une possibilité était donnée que cette thèse soit fausse en effet, alors ce sont toutes les vertus de l'amour qui réapparaîtraient dans tout leur éclat. Si l'union charnelle n'est qu'un des contenus passagers de l'amour, alors la lassitude sexuelle n'est plus un obstacle à la validité de l'amour. Il y aura à préciser les termes de la nouvelle situation créée par cette lassitude, et à dire comment elle peut ouvrir une nouvelle perspective qui soit « positive ».

La vérité est que la relation des amants n'est pas uniquement celle de leur sexualité physiologique.

Elle est aussi, et d'une manière fondamentale et simultanée, accès à une joie extrême. De cette joie, je parlerai plus loin, après avoir achevé l'examen de quelques obstacles et de leurs sources, et avoir dit comment les dépasser par une conversion des attitudes.

On croit (on l'a souvent dit) que l'amour ne peut être qu'un échec si l'on songe, à côté de la lassitude sexuelle, au conflit des libertés. Celui-ci, selon Sartre, est l'essence des relations à l'autre, et si l'amour n'a pas été annihilé par la lassitude, il est condamné à terme par le conflit.

En quoi consiste-t-il exactement ?

Pour s'en tenir au cas de l'amour, on peut voir tout d'abord que la tentation de chacun est de privilégier, en son for intérieur, l'amour que l'autre a pour lui. Chacun, comme sujet, est porté par un mouvement qui le dirige vers l'autre (comme admiration et tendresse) mais, en même temps, le sujet ne se sent fort et justifié que parce qu'il est aimé (« Elle m'aime. Oui, elle m'aime, moi. Tout est changé. Tel que je suis, on peut donc m'aimer ? Mais oui. J'ai passé la barre. Tout est possible maintenant. Je suis aimé ! »).

Il peut se faire alors que ce sentiment, nourri par un amour de soi déjà conséquent, en vienne à exiger des « preuves », et toujours plus de preuves, de cet amour que l'autre a pour le sujet. Mais l'exigence de preuves tourne à l'itération indéfinie puisque aucun geste, aucun acte, ni aucune parole ne peut témoigner mathématiquement d'une intériorité. La demande de preuves et de confirmations ne pouvant jamais être satisfaite, elle se transforme en autoritarisme. Le sujet finit par exiger de l'autre des témoignages d'amour qui deviennent des dus et font basculer l'autre dans l'obéissance et la dépendance. *L'exigence* s'instaure alors comme mode d'une relation dissymétrique, déséquilibrée (« Tu m'aimes ? Tu m'aimes comment ? Tu m'aimes toujours ? Tu m'aimes plus que tu n'as aimé les autres femmes ? Te sacrifierais-tu pour moi ? »).

Mais cet autre, qui est censé devoir tout donner au sujet, est aussi un sujet. Il peut fort bien refuser l'incessante exigence de son partenaire présomptueux que formuler à son tour des exigences qui le situeraient en position privilégiée dans le couple.

Cette dialectique tournante des exigences est d'abord déployée dans un climat d'amour et d'angoisse, mais l'opposition des deux autorités peut finalement se dépouiller du motif amoureux et se constituer comme pure opposition des deux affirmations d'autorité. Si chacun, comme le pense Sartre, veut devenir le *dieu* de l'autre et le soumettre, alors l'échec de la relation est assuré puisqu'il ne saurait exister deux dieux tout-puissants. Le conflit du prestige amoureux, au sein du couple, tourne au pur combat des volontés de puissance.

Qui veut asservir aura à se défendre d'être asservi, ou à sortir du champ de bataille. Quand l'amour se transforme en lutte de prestige et tentative de domination, alors, oui, l'amour est comme une guerre, et c'est la *réversibilité* destructrice qui règle tous les rapports. Il n'est pas surprenant, dans ces conditions, que l'amour soit forcément un échec.

Mais « ces conditions » sont contingentes : elles peuvent exister ou ne pas exister. Les auteurs pessimistes sont en fait des observateurs, ou des auteurs pressés. Ils concluent hâtivement de l'observation fréquente des conflits d'autorité au sein des « couples » à la nécessité universelle de l'échec de tous les amants. Ils oublient de souligner le fait que, puisqu'il y a conflit des libertés, il y a liberté et, par conséquent, possibilité constante d'inventer une autre démarche, une autre attitude en amour. C'est de cette *autre démarche* que je parlerai plus loin, dans une partie positive.

Le conflit du prestige amoureux ne tourne pas seulement au conflit des volontés de puissance en général. Il peut inscrire cette volonté de puissance dans un climat passionnel singulier qui est celui de la jalousie.

On sait que la jalousie est une souffrance. Le sujet jaloux ressent comme frustration personnelle, comme agression subie, le fait que sa partenaire s'éprenne d'amour pour un tiers, ou que son amant s'éprenne d'amour pour une autre femme. Le sujet éprouve la décision du partenaire comme une agression contre l'intégrité de son propre être, et comme la rupture d'un engagement, c'est-à-dire une trahison.

Ce sentiment n'est possible que parce que, auparavant, furent affirmés implicitement par le sujet quelques principes qui lui paraissent évidents : la « partenaire » (l'être aimé) lui appartient entièrement, corps et âme. Non seulement elle doit faire allégeance à celui qui, dans le couple, est censé être le plus aimé, mais en outre elle doit s'interdire de prendre quelque décision affective que ce soit sans le consentement du sujet. Celui-ci se croit maître et seigneur. Que l'aimée ait une idée, un sentiment ou une conduite à partir seulement de sa propre liberté, de sa propre décision, et le sujet se considère comme *dépossédé*. En fait, sa partenaire était à ses yeux sa propriété. Même si le mouvement de l'être aimé vers un tiers n'était en rien une négation de la personne du sujet, celui-ci considère que sa propriété lui échappe et, par conséquent, le nie et l'assassine. Puisque le sujet s'était lui-même défini comme maître et comme propriétaire de son amante, lorsque celle-ci se pose non plus comme une chose possédée mais comme un sujet libre de déployer une nouvelle passion, alors le « propriétaire », dépouillé de son bien, s'effondre.

S'il ne s'effondre pas, il peut faire de ce qu'il croit être l'échec d'un amour l'occasion d'un nouveau départ. Il se trouvera une nouvelle partenaire. Mais alors il ne verra pas clairement qu'il est seulement en train de mettre en œuvre une pauvre dialectique de la réversibilité (« Elle me "trompe", je la "trompe" » ; « Elle me trahit, je me venge »).

Cette dialectique de la réversibilité (*fort différente de la réciprocité*) pourrait être appelée : dialectique ping-pong.

Elle n'est évidemment qu'un double échec. La même dialectique de la domination et de la servitude, ou bien de l'imitation et de la vengeance, renaîtra avec la nouvelle aimée si le sujet reste celui qu'il était : un moi assoiffé de lui-même, une passion traversée par le délire et la présomption.

Car il y a autant de délire que de présomption dans l'attitude captatrice, possessive et dominatrice du jaloux. Il délire en imaginant non seulement la sexualité de son « rival » (dont en général il ne sait rien), mais encore l'union charnelle de son rival et de son amante. Il peut très bien « forcer » sur les détails anatomiques ou affectifs. Il accroîtra ainsi sa souffrance. Peut-être s'identifiera-t-il à son rival, ou se comparera-t-il à lui. Il ne verra pas que son imagination est son œuvre. Même si sa partenaire et son rival s'aiment réellement, et déploient réellement une relation amoureuse, c'est par sa seule imagination que le sujet souffre et se fait souffrir. Il ajoute à la présomption d'un pseudo-propriétaire le délire d'une imagination « masochiste », c'est-à-dire autodestructrice.

Ne l'oublions pas. Je ne dis pas que tout amour échoue parce qu'il tournerait toujours à la jalousie dominatrice. Je dis le contraire : l'amour *n'*échoue *que s'il* se fait volonté de puissance et de possession, cette attitude étant fruit d'une certaine conception de l'amour, et donc le fruit de la liberté, *lorsqu'elle ne sait pas s'orienter*. Parce qu'il n'y a amour et jalousie qu'entre des êtres libres. Ces êtres libres, s'ils veulent réussir l'amour, doivent inventer une autre conception de l'amour que la domination réciproque.

Une autre raison de l'échec de l'amour est la culpabilité. Cette raison est bien entendu contingente : elle peut exister ou ne pas exister. L'amour n'est vécu comme « culpabilité » que dans certaines circonstances, et ces circonstances sont le fait des sujets eux-mêmes.

La culpabilité peut donc émerger lentement, au fil du temps. D'abord emporté par l'« amour naissant » (comme dit l'écrivain italien Francesco Alberoni), tel ou tel amant laisse apparaître une réticence à la vie sexuelle, sinon même un éloignement. Un psychanalyste dirait que l'inconscient déploie peu à peu son action répressive ; je dirais plutôt que cet amant ou cette amante revient peu à peu à son choix fondamental qui n'était pas la vie sexuelle. La période flamboyante ne fut pour lui ou pour elle qu'une sorte de tentative existentielle, une « sortie » motivée à la fois par un amour sincère et par le désir de connaître et de vivre la totalité de l'expérience amoureuse. Après le temps de la splendeur revient très vite, dans un tel choix, la relative abstinence sexuelle insérée dans le cours d'une vie quotidienne qui peut être, quant à elle, riche et intense. Le psychanalyste parlerait d'angoisse et de censure ; je préfère parler de choix, de « goût », d'attitude. Ce qui importe, ici, est que le refus progressif de la sexualité par un partenaire (et quelle que soit sa source) entraîne souvent, de la part de l'autre, la conduite agressive de « l'humilié ». Le sujet accuse cet autre soit d'impuissance ou de frigidité, comme dans le cas de la lassitude, soit d'agressivité. L'autre se refuserait uniquement dans l'intention d'humilier le sujet en soulignant la fin de son pouvoir de séduction.

Il est clair que cette dialectique de l'indifférence, de l'humiliation et de l'agressivité peut se jouer dans les deux sens, à partir de l'un ou l'autre des amants. Il est clair également que, dans cette guerre des interprétations, chacun des partenaires tient l'autre pour responsable de sa conduite et de son indifférence. Qu'il se sente coupable ou non, de toute façon il est libre. S'il advient que l'amant frustré ait une culture psychanalytique, il attribuera certes la froideur de l'autre à une « cause » inconsciente, mais il n'en affirmera pas moins sa responsabilité, c'est-à-dire sa liberté et sa culpabilité dans sa conduite d'indifférence. Dans cette guerre larvée, le sujet s'enfonce dans le ressentiment et attribue à l'autre une « faute », une agressivité coupable.

Cette culpabilité est magique et contradictoire : le partenaire a pu se sentir coupable de se livrer à la sexualité, mais en même temps le sujet le tient pour coupable parce qu'il ne s'y livre plus. L'autre est simultanément accusé de froideur par le sujet et accusé d'une ancienne lubricité par lui-même.

De cette dialectique résulte une agressivité réciproque, manifestée par la violence, par la parole ou par la conduite. Chacun est tour à tour l'offenseur et l'offensé. L'échec de l'amour n'est que le nom de cette dialectique, le nom de la réversibilité du ressentiment et de la volonté de puissance lorsque la seule sexualité est mise sur le devant de la scène et usurpe la place de l'amour intégral.

Tout cela, je l'ai dit, suppose la liberté et son affirmation implicite par les protagonistes. Je ne souligne pas cette liberté pour accuser à mon tour les amants malheureux et les reconnaître comme responsables de leurs souffrances. Je souligne la liberté, d'une part, pour donner un *sens* à toutes les dialectiques affectives, qu'elles soient néfastes ou bénéfiques et, d'autre part, pour garantir la possibilité d'une attitude tout autre que celle de l'orgueil et de la domination. Seule une telle attitude neuve rendrait possible le triomphe de l'amour et de sa joie. J'en parlerai plus loin.

À côté de la liberté, la dialectique du ressentiment implique une certaine conception de l'amour, de la sexualité et de la relation affective.

Elle suppose parfois l'adoption de modèles préétablis (des « codes ») pour inspirer la conduite de l'un et l'autre sexe. Certains croient que s'impose pour l'homme une conduite « virile » et dominatrice, d'autres pensent que la femme doit être obéissante et soumise, d'autres enfin, soucieux de l'égalité des sexes (ils disent parfois « genre »), restent également soucieux de l'orgueil personnel et de l'affirmation du moi, de ses droits et de ses prérogatives en toutes circonstances. Tous, en même temps qu'ils affirment la liberté de tous (ou de quelques-uns...), tiennent pour *allant de soi* les contenus affectifs tels que la jalousie, la possession de l'autre, l'affect immédiat de l'amour avec ses angoisses et ses joies, la précarité des sentiments, l'ambivalence de ces mêmes sentiments, l'amour comme guerre, comme haine, l'amour forcément relié à la mort.

Regardons rapidement ce dernier point. La littérature considère bien souvent que l'amour, dans les grandes passions, peut conduire à la mort par le désespoir d'un sentiment non partagé. Par son refus ou son incompréhension, l'autre anéantirait la signification même de l'existence du sujet et celui-ci n'aurait d'autre recours que le suicide. Cette solution serait également la conséquence d'un amour « impossible ».

Mais ce sur quoi les psychanalystes insistent parfois, c'est le lien intrinsèque qui unirait l'amour à la mort. Par lui-même, l'amour, ayant atteint son apogée, viserait non seulement sa propre mort symbolique, mais encore la mort réelle et du sujet et de son aimé(e). L'accès à la pointe extrême de l'amour ne pourrait conduire les amants qu'à leur propre mort, rien n'étant plus en mesure, dans cette vie, de combler leur désir ou d'atteindre à la même dignité que leur bel amour. Ils pourraient dire : « Maintenant, nous pouvons mourir. » Songeons, par exemple, au roman de Stendhal, *Le Rouge et le Noir*, ou à celui de Julien Gracq, *Un beau ténébreux*. Et tout se passerait avec l'amour comme avec la beauté, selon Mishima dans *Confession d'un masque* : la perception bouleversante de l'extrême beauté ferait désirer la mort, serait proche de la mort elle-même.

En affirmant ainsi qu'Éros est proche de Thanatos, on souhaite en souligner la « dimension tragique » pour l'exalter, mais on prononce en fait son arrêt de mort : si l'amour est lié par essence à l'anéantissement des amants, c'est qu'il est par essence condamné à l'échec. Il n'y a là qu'une simple option romantique ou idéologique, et ces romanciers et ces thérapeutes ne souhaitent pas prendre en considération l'idée que la mort et l'amour sont exactement antithétiques. Si un amour conduit à la mort, c'est qu'il fut amour malheureux et non pas amour comblé.

J'aurai à dire plus loin comment dépasser la tentation fatale, comment souligner le lien intrinsèque, non pas entre l'amour et la mort, mais entre l'amour et la vie, entre l'amour et la joie. Mais, dès maintenant, on peut contester le pessimisme voilé (« occulté ») de certains analystes qui affirment clairement et fermement qu'« il n'y a pas de relation sexuelle », ou que « le désir est impossible », ou que, par essence et définitivement, l'être humain est « manque à être ». À l'évidence, c'est là condamner l'amour à l'échec comme si la structure sexuelle de l'inconscient était par nature sado-masochiste, c'est-à-dire destructrice, contradictoire et perverse. Il y aurait là, si tel était le cas, de quoi justifier la prêtrise catholique et la chasteté.

La situation culturelle me paraît aujourd'hui bien grave puisque ces sombres analyses de certains thérapeutes (qui d'ailleurs se défendent de jamais avoir voulu « guérir » un patient !...) rejoignent l'affirmation sartrienne selon laquelle « toute vie est l'histoire d'un échec », ou bien selon laquelle le sujet est, comme désir, un manque que rien, jamais, ne saurait combler.

Si j'évoque en passant la littérature, la philosophie et la psychologie des pathologies mentales, ce n'est pas pour esquisser une histoire des doctrines contemporaines de l'amour comme échec, c'est pour éclairer les conduites fréquentes de tous ceux qui, ayant « échoué » en amour, se réfèrent implicitement à ces doctrines pour justifier leur échec, ou, pire encore, se réfèrent d'abord à ces doctrines pour adopter ensuite des « conduites d'échec » qui vont justifier... les doctrines.

Le danger de la méconnaissance

Ce ne sont pas seulement les doctrines qui, trop souvent, justifient ou produisent la souffrance affective et l'échec. C'est aussi, je l'ai noté plus haut, la conception que certains se font des prérogatives du moi et des pseudo-exigences de la « virilité », liées à l'« honneur », ou de « féminité », liées à la soumission volontaire ou à la révolte.

Ces conceptions individuelles, faites de préjugés et fruits souvent d'une « pression collective » et idéologique, sont aggravées par une autre attitude : je veux évoquer la méconnaissance. Elle serait le fruit de la société si l'on pensait que l'ignorance et l'égocentrisme sont le fruit de la société. Il me semble plutôt que, inversement, c'est « la société » qui est pour une grande part le fruit de l'ignorance et de l'égocentrisme. Mais revenons à la *méconnaissance*, comme source des échecs amoureux.

Certes, l'intensité de la rencontre peut ouvrir une longue période d'entente et d'harmonie déployées dans le climat de l'amour. Le temps qui s'écoule est à la fois rapide et substantiel, les activités sont justifiées et orientées, la présence de l'autre ou son arrivée transforment émotivement l'espace en l'animant et en le comblant. Le monde est agréablement habité et justifié. Une vie dynamique et apaisée se déploie spontanément.

Mais il peut aussi se faire que la signification de la relation se transforme avec le temps. À côté de la lassitude sexuelle entraînée par l'habitude, et de l'éloignement sexuel entraîné par le retour d'un choix ancien ou l'émergence d'une attitude nouvelle, une conscience plus avertie peut découvrir à la longue une inadéquation relationnelle. Le sujet apprend, par l'expérience quotidienne ou par de grands événements, que l'autre ne partage plus ou ne comprend plus les valeurs et les motivations qui animent le sujet. Une prise de position à propos d'une décision politique imprévue ou d'un attentat, une discussion à propos d'une élection, ou bien un désaccord à propos d'un livre ou d'une doctrine peuvent révéler que les perspectives existentielles des amants sont non seulement différentes (ce qui pourrait être une richesse), mais encore divergentes ou même contraires. La différence d'origine nationale ou culturelle, la différence des milieux sociaux qui ont nourri chacun des amants, la différence des « religions » ou des « ethnies » d'origine, toutes différences qui, au temps de la rencontre amoureuse, avaient pu paraître inexistantes ou négligeables, il se peut qu'elles ressurgissent et soient la source des conflits de libertés dont nous avons parlé plus haut. La nature de ces conflits est chaque fois spécifique, selon la nature de la motivation. Et, dans la plupart des cas, ces conflits supposent la participation explicite de chacun des protagonistes : l'autre est accusé de ne pas consentir vraiment à l'exercice de son métier par le sujet ; ou bien sa pratique sociale ou professionnelle est constamment critiquée ou incomprise ; ou bien ses positions politiques sont fréquemment caricaturées (« En fait, tu es de droite » ; « En réalité, tu n'es qu'un gauchiste » ; « Au fond, tu t'en moques de la misère du monde » ; « À bien considérer les choses, tu n'es qu'un mystique » ; « Tu es vraiment trop idéaliste »).

Ces guerres se terminent par l'échec, c'est-à-dire la fin de l'amour.

La méconnaissance est une forme singulière de ces conflits si fréquents. Elle n'est pas comme eux un acte de *fausse réciprocité* et de *véritable réversibilité*, c'est-à-dire un acte où les deux protagonistes s'engagent explicitement dans l'échange croisé des affirmations contraires et des agressions. La méconnaissance, au contraire, ne concerne le plus souvent que l'un des sujets, et cela en silence et dans son for intérieur. L'autre ne saisit pas, ne comprend pas, ne partage pas les vues du sujet, qu'elles soient existentielles, éthiques, politiques ou idéologiques. Ce n'est pas la légitime liberté d'opinions qui est ici engagée : c'est la nature même du lien qui unissait les amants. Il y a là une souffrance puisque l'autre, qui est aimé, ne vit plus dans le même monde que le sujet lui-même, et même « ignore » ce monde et n'en saisit plus ni l'existence ni la légitimité. Ce sont alors toutes les motivations existentielles du sujet, et donc sa personnalité profonde, qui sont ainsi annihilées, écartées du champ commun. L'autre, en ne le « comprenant » plus, en ignorant l'être profond du sujet, procède à son anéantissement symbolique.

Dans cette méconnaissance de soi par l'autre, méconnaissance de ses valeurs et de ses créations, le sujet peut d'autant plus souffrir qu'il garde plus soigneusement le silence. La dissymétrie (l'un parle et l'autre se tait) accroît la distance et la séparation.

Car la parole devient vaine si l'autre voit dans ses propres affirmations pratiques et doctrinales une expression indispensable de sa liberté, tandis que le sujet lui-même considère comme un bien précieux sa propre liberté de vivre et de penser « autrement ».

Certes, il y a de bien nombreuses méconnaissances réciproques dans la vie culturelle. Il y a incompréhension, hostilité, indifférence, par exemple des médias à l'égard de certains auteurs, ou dans les relations des auteurs entre eux, qu'ils appartiennent à la même discipline ou à des disciplines différentes. Mais ces méconnaissances de la valeur et du sens d'une existence ou d'une œuvre ne produisent pas, dans le champ culturel, une souffrance comparable à celle qui est produite dans le cadre de l'amour par la divergence progressive des personnalités.

Lorsque cette souffrance de la méconnaissance finit par entraîner la séparation des esprits, c'est évidemment l'échec de l'entreprise amoureuse qui semble la conséquence la plus plausible.

Il est clair que je n'affirme pas le moins du monde que, dans un « couple », la méconnaissance, unilatérale ou réciproque, est inévitable. Je dis seulement qu'elle survient fréquemment, notamment lorsque les sujets sont des créateurs, dans quelque domaine que ce soit. Cette méconnaissance, fruit parfois de l'inattention, peut être évitée ou dépassée par la parole et une reconnaissance neuve, mais celle-ci ne peut être obtenue qu'au terme d'un « travail » dont il sera question plus loin.

Le malentendu

L'expérience de la méconnaissance peut faire prendre conscience d'un autre obstacle à l'amour, ou d'une autre raison de son échec. Il s'agit du malentendu. La chose est plus grave, plus lourde de conséquences que ne le laisse penser ce terme si souvent utilisé pour atténuer la violence d'un conflit ou d'un différend.

Dans le domaine de l'amour, le malentendu peut prendre ses racines au temps de la rencontre et ne se dévoiler qu'au cours de l'existence, dans les années suivantes. Il se rapproche certes de la méconnaissance puisqu'il repose sur un manque, ou une absence de connaissance véritable de l'autre par l'un des partenaires, ou par les deux. Mais il en diffère parce qu'il implique un engagement pratique. La souffrance de la méconnaissance provient de la découverte d'une divergence qualitative des personnes, aggravée par l'ignorance où l'un des partenaires tient l'autre. C'est l'estime de soi qui est atteinte et bafouée. Dans la découverte du malentendu, c'est la validité de l'engagement réciproque qui est remise en question. En effet, le malentendu consiste dans le décalage entre les motivations affichées de l'engagement amoureux, motivations affichées de part et d'autre en toute bonne foi, et la nature véritable des motivations ou des personnalités, leurs divergences se révélant peu à peu. Je ne parle pas des motivations « inconscientes » ; si celles-ci existaient réellement, elles seraient définitivement inaccessibles et permettraient, de toute façon, de disculper tous les sujets de leurs manquements, de leur fermeture ou de leur agressivité. Non. Les motivations apparemment ignorées dans la naissance du malentendu (« Je t'ai épousée pour ta nationalité française et non pour ta personnalité ») sont en fait des motivations conscientes, mais obscures, ou obscurcies, et volontairement tenues à l'écart de la conscience claire et affichée.

Je ne dis pas, comme certains philosophes ou certains psychologues (Jankélévitch dans ses livres, ou Lacan dans sa pratique), que le malentendu est présent dans toute relation humaine, et je n'affirme pas que toutes les relations sont illusoires puisqu'elles reposeraient sur un malentendu. Je dis seulement que, trop souvent, en ce qui concerne la relation d'amour, l'engagement repose sur des affirmations et des croyances sur l'autre qui sont erronées ou illusoires. Aucun des partenaires n'a cherché à duper l'autre quant à ses propres intentions. Mais ce qu'il est en mesure d'offrir réellement à l'autre (dans l'ordre de la sexualité, des conditions de vie ou de l'existence significative) ne correspond ni à ses promesses ni à l'attente et à la croyance de l'autre. L'engagement dans l'amour s'appuie sur des offres, des dons et des motivations proclamés ou présentés, mais qui ne sont qu'une apparence, une sorte de fiction de bonne volonté. Il n'est question ni de mensonge ni de duperie. Ce qui est à l'œuvre, ce sont des croyances illusoires sur l'autre, ses pouvoirs et ses dons, ou des offres erronées fondées sur l'ignorance et la méconnaissance de soi (je songe, par exemple, à une chanson de Jacques Brel, *Ne me quitte pas*, dans laquelle il promet poétiquement monts et merveilles).

La convergence des décisions (sur l'expérience amoureuse, ou le mariage, ou le style d'existence à créer) n'est alors qu'une convergence de surface, puisque chacun s'engage sincèrement avec des motivations et des données différentes chez les deux sujets, qui ne correspondent pas à la réalité des dons et des personnalités de chacun. Tel, qui promet implicitement une vie sexuelle épanouie, n'est guère en mesure de tenir ses engagements ; telle autre qui, par sa beauté, promettait la transmutation de la vie quotidienne, n'est finalement la source d'aucune magie.

Il y a malentendu, non pas seulement parce qu'advient la « désillusion » sur l'autre, mais parce que les motivations (et non les dons) n'étaient pas en réalité celles qui étaient affichées. En outre, dans le malentendu, les motivations des partenaires sont supposées identiques et convergentes, mais elles sont en fait dissymétriques et différentes. Si l'un, par exemple, voulait, en s'engageant à l'amour, donner un sens à sa vie, l'autre pouvait dans le même temps garantir seulement sa sortie hors de l'ancien milieu familial. Si la signification de l'engagement n'est pas la même pour les deux amants, alors il faut parler de malentendu originel et prévoir l'échec de la relation véritable.

Je ne vois en ce phénomène aucun mécanisme, aucune nécessité. Il peut fort bien se faire que, malgré les motivations premières divergentes, un amour réel et sincère naisse au cours d'une rencontre et se prolonge sur une très longue période. C'est la fin éventuelle de l'amour qui, rétroactivement, constituera comme « malentendu » la rencontre et l'expérience amoureuse (« En fait, tu n'as jamais cru en moi… »).

D'autre part, la découverte, chez l'autre, de capacités et de dons moins flamboyants que prévu, ne conduit pas nécessairement à la fin ou à l'échec de l'amour. Mais je parlerai par la suite de ces issues positives. Pour le moment, je veux seulement rappeler les principales raisons de l'échec des relations telles qu'elles sont souvent vécues, dans l'immédiateté quotidienne. Mais je dois aussi souligner, dès maintenant, ce que je répète souvent : toutes les relations d'amour, qu'elles soient « condamnées » par elles-mêmes à l'échec, ou qu'elles réussissent leur voyage, sont des relations libres.

J'aurai à dire plus loin en quoi consiste cette liberté et à quelles conditions nous pouvons en faire le meilleur usage, celui qui conduit à la permanence de la joie.

La trahison

Une autre cause de l'« échec » de l'amour est ce qu'on appelle la trahison. L'accusation surgit lorsque le sujet apprend, directement ou indirectement, que son partenaire aimé a « rencontré quelqu'un », a engagé une relation amoureuse avec une autre personne, et cela dans le temps même où se déployait l'amour des deux amants. Cette coexistence non voulue des différentes amours est vécue comme une trahison en tant qu'elle apparaît comme la rupture d'un pacte. Il y avait eu, au temps de la première rencontre, l'engagement réciproque et tacite d'une exclusivité de l'amour de chacun pour l'autre, et c'est la rupture de cet engagement qui est vécue comme trahison.

Le terme, d'un usage courant, comporte cependant une signification lourde et grave. Il implique, et veut désigner en effet l'une des plus graves accusations d'ordre moral. Il mobilise tout ce que l'on considère comme les valeurs fondamentales de la moralité pour en condamner lourdement la négation. La femme ou l'homme qui reconnaît l'intervention d'un tiers dans sa vie amoureuse est tenu comme le coupable qui enfreint les exigences les plus impératives dans les relations interindividuelles et dans les relations sociales. Ils méritent le mépris et l'opprobre. Ils provoquent et justifient la fin de l'amour.

Personne ne songe alors que, fondée sur la liberté de fait, la situation aurait pu être l'inverse de ce qu'elle est, le partenaire traître restant fidèle, et le sujet trahi devenant le traître.

Quoi qu'il en soit, les armes de la moralité sont brandies, non pas en raison d'une révolte de la conscience morale offensée, mais en raison d'un brusque sentiment d'indignité. Le partenaire trompé (comme on dit) se saisit comme nié dans son être, nié dans sa chair, dépouillé du sentiment de justification que lui conférait l'amour préférentiel et exclusif implicitement promis par l'autre.

Nous retrouvons là, bien entendu, tous les contenus de la jalousie, déjà évoqués. Mais le recours à la notion de trahison révèle que la « jalousie » n'est pas, comme on le croit trop souvent, un simple événement psychologique, une simple passion mauvaise qui résulterait d'un « mécanisme des pulsions », passion qui, le plus souvent, se nourrirait d'imaginaire érotique pour se déchirer et s'humilier soi-même. La jalousie, par l'éclairage de la trahison, s'avère comme la colère et l'indignation du bon droit face à la moralité bafouée. Le mépris et la condamnation prononcée par le « juge » s'accompagnent certes d'un déchirement intérieur, mais ils s'accompagnent aussi d'une totale ignorance à l'égard des « coupables » : le tiers (« salope » ou « gigolo ») est réduit à un rôle séducteur, spoliateur, tandis que la relation de l'amant avec ce tiers est totalement méconnue, simplifiée et avilie. En certains pays, de nos jours, la femme « adultère » est lapidée jusqu'à la mort.

Par la référence à la trahison, la jalousie croit donc élever la vie amoureuse au niveau de la moralité, c'est-à-dire de l'esprit. C'est-à-dire de la liberté. La jalousie offensée est une reconnaissance de la liberté qui se scandalise de la liberté.

Mais cette liberté de l'autre est « coupable ». Nous aurons à rechercher de meilleures formes de cette liberté en amour puisque le surgissement du jugement de trahison masque ou exprime, une fois encore, l'échec de l'amour.

Cet échec peut être moins dramatique que dans l'aventure de la jalousie et de la trahison. Il se produit aussi, par exemple, dans la lente avancée du grand âge.

Les amants malheureux, trompés et trahis, ont déjà eu affaire au temps. Mais le rapport au temps, dans ce cas, reste une pseudo-ignorance, ou une dénégation. L'amant trahi semble ignorer, ou veut ignorer, que le temps vécu peut avoir modifié la personnalité de l'autre sujet. Non seulement la sexualité du désir peut s'être affirmée, atténuée, ou transformée, mais encore le Désir entier comme personnalité peut avoir suscité, à travers le temps, ou le surgissement d'exigences neuves ou la résurgence d'exigences anciennes. C'est cette dynamique temporelle de la personnalité que l'amant trahi veut ignorer chez son partenaire (mais non pas en lui-même, bien sûr).

Le cas du vieillissement est différent. Je ne fais pas allusion au fait qu'un homme ou une femme vieillissant puissent se tourner vers des tiers plus jeunes ou moins âgés. Car, dans ce cas, on a affaire soit à la même dialectique morale de la trahison que précédemment, soit au consentement tacite ou explicite du partenaire délaissé.

Je fais allusion au pur vieillissement comme transformation ou disparition de la vie charnelle (qu'on appelle, chez les psychologues, libido ou pulsion sexuelle, ou ça). Fort souvent, le vieillissement des partenaires se fait en harmonie et en conscience : ils « vieillissent ensemble ». C'est dire qu'une complicité se déploie pour la maîtrise de la vie quotidienne, ou pour le soin et l'attention de chacun pour l'autre, ou du plus vaillant pour le plus souffrant. L'harmonie des esprits peut être totale.

Mais l'amour a disparu. Il s'est éteint. L'affection réciproque peut demeurer, l'amour flamboyant n'en a pas moins disparu. Les caresses et les contacts restent symboliques, le souci vital devient le souci principal, et la mort dont il s'agit, et à laquelle on fait face, est la mort réelle et successive le plus souvent de l'un et de l'autre des époux, ou des amants. Ils ne se plaignent de rien. Ils marchent ensemble vers la fin, plus ou moins comblés, plus ou moins vaillants, plus ou moins sages.

Cependant, un fait demeure : l'amour a disparu. L'amour semble en échec.

Le carcan des institutions

Une autre source éventuelle de l'échec de l'amour, source fréquemment évoquée dans l'histoire de la pensée, est l'institution. Des psychanalystes, comme Caroline Eliacheff (« Cherchez le couple », *Le Point*, 5 avril 2012), se faisant parfois sociologues, notent certes une « évolution du lien de conjugalité », une baisse de la natalité, une augmentation du nombre des unions libres, une progression du nombre des séparations et des divorces, l'accès des femmes à l'égalité civile et à la liberté sexuelle. Mais ces auteurs ne font état de la souffrance personnelle que très rarement. Or, il semble bien que c'est la souffrance des ruptures et des échecs qui est à l'origine de l'évolution des institutions. C'est donc aussi, inversement, l'institution qui est à l'origine de la souffrance affective et de l'échec de l'amour. Non pas forcément et systématiquement, non d'une façon nécessaire, mais d'une manière contingente et spécifique. Il arrive que l'institution du mariage, dans son aspect à la fois juridique et monogamique, entraîne de telles contraintes qu'elle conduit à l'échec de l'amour et donc à l'échec du mariage lui-même.

Une première « contrainte » réside dans le formalisme même de l'institution. Il semble bien y avoir une contradiction interne entre la relation d'amour, fondée sur un libre choix réciproque, et la contrainte juridique fondée sur la puissance coercitive des tribunaux. Il y a, il peut y avoir contradiction entre l'amour comme rencontre, jouissance et vécu commun de la joie et de la vie, et l'amour conjugal comme engagement juridique. La spontanéité du désir peut se trouver « empêchée », déformée, transformée du tout au tout lorsqu'elle se saisit ou lorsqu'elle finit par se saisir au fil du temps comme « obligatoire ». La spontanéité de l'amour se ressent comme contrariée, niée, par la contrainte de la Loi. Parce que, aujourd'hui, le mariage n'est plus l'institution purement religieuse, idéologique et économique qu'elle était jusqu'au début du XXe siècle, l'opposition de nature entre le vécu du sentiment et la forme légale de l'obligation entraîne ou peut entraîner la détérioration de l'enthousiasme et, à terme, la fin de l'amour. C'est-à-dire la mise en mouvement du processus de séparation des consciences, avant la « séparation » juridique, puis le divorce.

À propos de ce divorce, je veux noter au passage une vérité devenue évidence : l'instauration du divorce dans l'institution (et sa légitimité « morale » dans les esprits démocratiques) est en effet un progrès considérable pour la liberté des individus dans les sociétés avancées. Le très beau livre de Senancour, *De l'Amour*, dans l'édition de 1828, consacre deux longs chapitres à la critique de l'union indéfectible et à la défense d'une instauration souhaitable du divorce. Aujourd'hui, nous pouvons le constater tranquillement, la possibilité du divorce confère au mariage une dimension de liberté réelle.

Mais, en même temps, l'utilité et la fréquence du divorce soulignent les difficultés de la vie conjugale et donnent un corps juridique, une objectivité, à l'échec de l'amour et à l'échec existentiel.

J'évoquais plus haut une première contrainte qui, dans le mariage, conduit souvent au conflit et à l'échec : il s'agissait de l'opposition d'essence entre le caractère obligatoire et formel de la Loi, et la spontanéité libre de l'amour et de sa joie.

Il existe une seconde raison de l'échec existentiel dans le mariage. Non pas une « cause » ni une nécessité, mais une possibilité d'échec, une motivation éventuelle de l'échec amoureux : il s'agit de la monogamie.

Nous avons vu que la lassitude, la jalousie et la trahison peuvent être (et sont souvent) par elles-mêmes des sources suffisantes de conflits et de souffrances. Par l'institution monogamique, ces motivations destructrices sont renforcées, décuplées, pourrait-on dire. En effet, la rencontre et l'irruption d'un tiers dans « le couple » (quelle pauvre expression !) se produisent le plus souvent sans référence « perverse » à l'exigence de « fidélité ». Ce n'est pas systématiquement contre l'institution du mariage et l'exclusivité obligatoire que l'un des partenaires (ou chacun de son côté) fait intervenir un tiers et un nouveau déploiement de l'amour. Il n'en reste pas moins vrai que, d'une manière fréquente, et sans qu'il y ait volonté « perverse » de destruction, l'obligation affichée de la monogamie ne peut qu'aggraver la situation conflictuelle. Selon sa signification dominante, l'obligation monogamique va hanter l'esprit des partenaires, soit qu'ils la combattent, soit qu'ils s'en réclament. L'obligation de « fidélité » va intensifier ou créer chez l'un l'esprit de révolte et la revendication de la liberté personnelle, tandis qu'elle entraînera chez l'autre la haine jalouse, l'humiliation et l'accusation ulcérée de trahison. De simplement juridique qu'elle était, l'obligation de l'exclusivité sexuelle va devenir une sorte de matrice de passions furieuses : la haine et la guerre, la violence parfois, la volonté homicide. Mais aussi l'angoisse et le sentiment de déréliction, la peur maladive et ambivalente d'être « abandonné » à sa solitude et à sa précarité, tout en désirant désormais cette solitude. On entend dire parfois que « la solitude est une forme de la liberté », et cela par les mêmes qui se désespèrent de la trahison des autres.

Certes, on reconnaît souvent, dans l'esprit public, que la monogamie comme exclusivisme sexuel exigible sur le long terme constitue une difficulté anthropologique. En effet, il n'est pas certain que la sexualité d'un être humain reste identique à elle-même au cours d'une vie. Il n'est pas certain non plus que cette transformation du désir emprunte le même rythme chez l'un et l'autre partenaire, sans qu'il soit question de différencier les deux sujets en les réduisant à leur sexualité ou à leur « genre ». Chacun « évolue » selon son propre rythme et (j'insisterai sur ce point) selon sa propre personnalité, c'est-à-dire son propre choix.

Mais ce ne sont pas ces raisons d'anthropologie physique, d'ailleurs matière à discussion, qui forment la principale difficulté de la monogamie exclusiviste. Cette difficulté est de l'ordre de l'existence et de la conscience. Pour chacun des sujets, l'exigence monogame, qu'ils ont reconnue et peut-être entérinée lors de la cérémonie du mariage, forme une « situation » qui revêt une sorte d'épaisseur et d'objectivité existentielles. C'est « par rapport » à cette exigence monogame que les sujets ont désormais à se déterminer. Leur liberté reste entière mais elle se déploie dans une situation qu'elle a créée et qui définit à l'avance au moins deux choix existentiels possibles : respecter ou transgresser.

La monogamie, désormais librement acceptée, crée simultanément et la contrainte et la transgression ; et la pensée de la Loi ainsi que sa constitution comme coercitive et comme contingente, comme appel à l'obéissance et comme fondatrice de la transgression.

Cette situation de liberté « nécessitée » et de transgression « libertaire » est par excellence une situation ambivalente. Tous les sujets ne sont pas aptes, ou disposés à s'en accommoder longtemps. Naissent alors non seulement les conflits, mais aussi les « crises ».

Certes, la transgression peut devenir un nouveau plaisir. Les littératures dites « érotiques » et les psychanalyses font désormais leur miel de la transgression. Désignée d'abord comme culpabilité, puisqu'elle est le passage au-delà de la Loi et son dépassement, elle est vite devenue, à la fin du xxe siècle, un objet de jubilation. Le « coupable » découvrait un nouveau plaisir, certes « pervers » mais combien réjouissant ; c'est que ce plaisir était renforcé par une référence au danger couru et au courage qu'impliquait cette prise de risque. Le recours au tiers devenait à la fois source d'angoisse et de peur, signe de courage, travail de la liberté et estime de soi. Mais ces « vertus » issues de la transgression institutionnelle n'effaçaient pas la culpabilité à l'égard du conjoint trahi. La vertu transgressive devenait en même temps le vice incarné : les « liaisons hors mariage », dans la culture britannique, pouvaient « compromettre » la monarchie ou, dans la culture française et républicaine, jeter le discrédit sur un président. La transgression, simultanément jouissance et culpabilité, vice et vertu, est, surtout en France, tenue pour une conduite coutumière, une sorte de coutume nationale, comme si une conduite génératrice de tant de questions et de tant de souffrance devait être réintégrée dans l'esprit objectif par la « tolérance ».

Mais rien n'y fait. S'il y a transgression en régime monogamique, il y a mensonge. À la trahison s'ajoute la duplicité. Le recours au tiers devient ainsi, peu à peu, le représentant et la source de tous les vices, perversions sexuelles comprises, et donc l'incarnation du Mal. Le temps n'est plus où les monarques pouvaient massacrer les concubines, ni le temps où les concubines étaient choyées et présentées à la Cour. Le tiers est devenu la source symbolique du Mal, et la trahison ressemble souvent à un assassinat symbolique. Parfois l'assassinat est effectif, la victime pouvant être ou le tiers, ou le traître. L'assassin peut aussi se donner la mort.

Toutes ces souffrances, ces conflits, ces destructions proviennent du mariage monogamique : mais un malentendu doit être évité. Ce n'est pas le mariage comme institution qui est la source du mal ; c'est *l'usage qui en est fait* ; c'est-à-dire la signification et l'efficacité que lui confèrent les protagonistes. Tous ces maux, ces souffrances issues de la jalousie, de la trahison, de l'humiliation et de la culpabilité, ces drames produits par le mensonge et la transgression proviennent de l'attitude même des intéressés à l'égard de l'institution. Ils la considèrent comme la Loi, et se déterminent par rapport à son « autorité », celle-ci provenant entièrement, en réalité, du regard, de l'engagement et de l'interprétation mis en œuvre par les amants.

En fait, la Loi est pour eux loi civile et loi morale, c'est-à-dire « exigibilité » : cette idée n'a de sens que pour des sujets pensants qui *donnent* à la « loi » un sens. Et ce sens, qui transparaît dans le vécu (le « ressenti », comme on dit aujourd'hui), est celui d'une morale du devoir. Les gens qui « se marient » sont toujours d'abord des personnes vertueuses, qui s'engagent ensemble dans un double consentement à l'égard de l'autre et à l'égard de l'institution. La morale du devoir, qu'ils participent à animer, est d'abord vécue par eux comme liberté joyeuse et comme entreprise. C'est dans la suite du temps de vie que peuvent apparaître toutes les relations désastreuses que j'ai évoquées et par conséquent tous les méfaits possibles d'une morale du devoir. Ces méfaits sont comme sollicités par l'institution du mariage monogamique, mais c'est bien la morale du devoir, et donc l'attitude des sujets qui en sont la source efficace.

Remarquons ici que les sujets des souffrances matrimoniales sont spontanés et non réfléchis. Ils sont simultanément actifs et passifs. La souffrance est à la fois passive et active, ainsi que les conduites qui la provoquent ou qu'elle induit.

C'est pourquoi une rupture peut se produire, et la souffrance devenir créatrice.

Tout en étant portée et créée par l'activité des sujets (la « donation de sens »), la morale du devoir, qui soutient la monogamie matrimoniale, a bien évidemment une origine historique.

Puisque l'avenir est imprévisible, il est difficile d'affirmer une nécessité historique. Il n'y a pas de nécessité dans les événements traités par les « sciences » humaines. Tout événement historique comporte des motivations *contingentes*, cernables dans son passé, et il est « produit » par des intentions, des visées, des buts orientés *par les acteurs présents* à partir d'un avenir effectivement poursuivi.

Il n'est pas question ici de proposer et de justifier longuement une philosophie de l'histoire et une philosophie politique. J'ai simplement souhaité préciser que, en me référant à l'histoire, je n'affirme aucune nécessité passée et donc future. Ce sont toujours les intentions des hommes, qu'elles soient arbitraires ou éclairées, qui engendrent l'histoire, c'est-à-dire le mouvement dynamique des institutions et des cultures.

C'est ainsi que les contextes sociaux, dans lesquels sont nés et la morale du devoir et l'esprit du mariage monogamique, ne sont pas des causes au sens strict, mais des motivations, des raisons, des justifications idéologiques des décisions des acteurs et des consentements des administrés.

C'est dans cette perspective que j'évoquerai la religion.

Il est alors indispensable de se référer au christianisme si l'on veut comprendre la signification et l'histoire de la monogamie. Je dis bien christianisme et non pas judéo-christianisme. En effet, les Hébreux étaient polygames comme l'atteste la Bible ou, plus précisément, la Torah (la Loi, ou le Chemin), comme ensuite le Pentateuque (nommé à tort l'Ancien Testament par les chrétiens).

On se souvient que Salomon avait trois cents « concubines ». Et qu'Agar, la mère des fils de l'islam, et « concubine » d'Abraham, était aussi sa servante. Son épouse, Sarah, n'engendra Isaac que bien tardivement et mourut à cent vingt-sept ans, célébrée par Abraham. Quant au roi David, il n'hésita pas à envoyer en mission un de ses généraux pour « connaître » l'épouse de celui-ci, Bethsabée.

Certes, on doit reconnaître que le judaïsme contemporain (non celui de l'Antiquité biblique) partage les mêmes valeurs que le christianisme en matière de mariage et de sexualité. En fait, le judaïsme a été profondément marqué par le christianisme, il s'est réellement christianisé. À la nuance près que les rabbins (comme les pasteurs) peuvent se marier. Quant à l'islam, il s'est aussi christianisé en se *proclamant* religion d'amour et de tolérance, tout en conservant la polygamie comme loi civile fondamentale et occultant souvent le visage des femmes.

En passant, la question se pose donc ici de savoir si la polygamie institutionnelle ne serait pas le remède à toutes ces souffrances et à tous ces maux que j'ai dénoncés. La réponse négative sera évidente lorsqu'on songera aux souffrances de la jalousie, de l'humiliation et du délaissement qui naissent en silence dans les familles polygames. Je reviendrai sur l'analyse des solutions.

C'est donc essentiellement le christianisme qui fit du mariage monogame un acte sacré, conclu sous l'égide de l'Église, et cela pour la vie entière des époux. On se souvient que c'est en 1828 seulement que le climat politique et culturel (les désirs des gens) permit à Senancour de se faire le défenseur du divorce, non encore instauré.

En outre, l'Église recommande la chasteté avant le mariage, ou la chasteté définitive pour les prêtres. La vie sexuelle est condamnée comme luxure si elle se borne à la recherche de la volupté au lieu de se consacrer à la procréation.

Et c'est contre le christianisme dominant que, au début du XVIIe siècle, les écrivains « libertins » prônent à la fois l'athéisme et la liberté des mœurs.

Chasteté, austérité (notamment chez les Réformés), humilité, remords, charité sont les vertus prônées par le christianisme et développées notamment au sein de la famille monogame. Le plaisir désiré pour lui-même est donc tenu pour un péché, un vice, un mal. La vie sexuelle, pudique et réduite, doit donc être consacrée à la procréation et non à l'amour, la vie doit être consacrée à la charité, non à la jouissance.

Mais le Moyen Âge est (avant le XVIIe siècle libertin) un siècle bien paradoxal : il voit naître l'amour courtois. C'est à mon sens une réalité et une expérience considérables.

Quelle que soit son origine historique, chrétienne ou musulmane, c'est bien la chevalerie chrétienne qui porta cette forme de l'amour à son apogée. Certes, tel ou tel poète fit l'apologie de la sensualité au cœur même de cette forme d'amour, mais le grand nombre de ces écrivains fit l'éloge d'un amour à la fois chaste et intense, louant la Dame ou la princesse lointaine à la fois pour ses qualités personnelles et pour sa beauté sans pareille.

Peut-être y avait-il, comme disent nos experts, « refoulement » et « censure ». Mais ce ne sont là que concepts convenus supposant une doctrine de la sexualité incapable de rendre compte de toutes les inventions individuelles ou collectives de l'amour. Quoi qu'il en soit, on doit surtout souligner le fait que l'amour courtois, comme doctrine et comme conduite, oppose à l'insuffisance existentielle d'un mariage essentiellement fondé sur l'héritage, la succession et la propriété seigneuriales, non pas la licence et le libertinage des XVIIe et XVIIIe siècles, mais la chasteté, la spiritualité ou, mieux dit, l'admiration, le dévouement et la poésie. Le formalisme, l'abstraction et l'autoritarisme du mariage monogame étaient battus en brèche non pas par une révolte contre l'institution, mais par une invention parallèle qui bouleversait les existences en même temps que la littérature.

Remarquons au passage que l'on pourrait imaginer une sorte de renversement du mariage monogame contemporain par l'inversion des significations médiévales : l'épouse deviendrait la femme adulée chastement, tandis que le nouvel amour (« hors mariage ») deviendrait l'amante sensuelle et une personne admirée.

Nous aurons à nous souvenir de cette expérience de l'amour courtois lorsque nous chercherons des solutions à la détresse trop souvent engendrée par le mariage monogame. Là aussi, pour ce XXIe siècle, il y aura à inventer des voies parallèles. Nous explorerons quelques voies pensables et possibles, sans nous contenter d'une simple exhortation verbale au « changement ».

L'amour courtois avait bien vu, entre autres choses (relatives à la vie quotidienne, à la lassitude et à la transformation temporelle du désir charnel, c'est-à-dire à la dissymétrie progressive des conjoints), il avait bien vu que le mariage était destiné à fonder ou garantir la propriété. Toute la hiérarchie féodale garantissait le pouvoir et l'opulence de la noblesse d'origine militaire, et le mariage était une pièce maîtresse de l'édifice.

Cette vérité peut être étendue aux siècles suivants. Dès le Moyen Âge, et surtout à la Renaissance, les villes et les échanges commerciaux se développent, les banquiers et les marchands inventent les circuits de l'enrichissement et perfectionnent les sources de profits. Tous travaillent beaucoup et considèrent parfois que l'accroissement des profits est un signe d'élection, une protection divine et chrétienne, le « devoir » ou l'« office » deviennent des chances contre la prédestination néfaste ou pour l'octroi de la grâce. Parfois aussi, et souvent en même temps, les prêtres et les banquiers considèrent que le prêt à intérêt est un péché, ils encouragent les monarchies à décréter que l'« usure » ne sera praticable que par les Juifs.

On le voit : le capitalisme est en train de s'inventer dès le Moyen Âge, et s'invente en même temps que lui le mariage monogame.

La figure qui émerge de toute cette histoire est assez claire : une Europe capitaliste et antisémite qui se réjouit de ses christianismes, quelle que soit l'horreur des guerres de Religion et de l'Inquisition, et recherchant, de Torquemada à Hitler, la « pureté du sang ». Chasse aux Juifs et chasse au profit, accompagnées bien sûr d'un anathème contre la cupidité des Juifs. Et c'est cette Europe chrétienne et sanguinaire qui, dans le même temps, instaure, soutient et déploie la propriété capitaliste et ses notaires, le mariage monogame et ses exigences.

Je ne dis pas qu'il y a un lien mécanique et involontaire entre le capitalisme et le mariage. Je dis qu'il y a un lien significatif, une volonté faite d'options et de consentements entre le régime capitaliste de la propriété, les lois et règlements de l'héritage et le plus grand nombre des mariages jusqu'à une époque récente. Parce qu'un « patrimoine » ne doit pas être dilapidé, morcelé entre des héritiers plus ou moins « naturels » ou plus ou moins « légitimes », parce qu'une fortune, une terre, un immeuble devraient pouvoir se « transmettre » en toute sécurité dans leur intégralité, le mariage monogame s'est imposé comme l'une des meilleures garanties de l'ordre capitaliste.

Chrétienté et capitalisme ne sont donc pas des « causes » inertes et anonymes de l'institution conjugale, ils sont les motivations idéologiques du choix et du développement de cette institution. Régulation volontaire de la vie sexuelle et régulation volontaire du mouvement des richesses vont de pair.

Marcuse et d'autres ont bien mis en évidence le lien entre l'organisation capitaliste du travail et la répression, la limitation de la vie sexuelle. Le mariage moderne, comme institution, répond bien à ces deux exigences : limitation des puissances de vie et primat donné au travail, au rendement et au profit.

Les uns disent : mariez-vous, c'est plus sain. Les autres disent : mariez-vous, c'est plus rentable. Mais, ensemble, ils ignorent ou feignent d'ignorer toutes les souffrances et tous les drames que produisent l'idéologie de la pureté et l'idéologie de la richesse.

Les sujets concernés ne s'ignorent pas toujours eux-mêmes. Les amants mariés ne se coulent pas toujours dans le moule du mariage sécuritaire. C'est que les souffrances, celles que j'ai décrites et d'autres encore sans doute, atteignent parfois un tel degré d'intensité qu'elles provoquent une véritable crise.

Il y a des crises destructrices mais aussi des crises salvatrices. Celles-ci sont des actes, ce sont elles que je vais considérer maintenant.

Les solutions illusoires : libertinage et fausse transparence
Où il est aussi question de Jean-Paul Sartre et de Victor Hugo

La crise dont je parle est une crise d'exaspération, le sentiment d'une brusque révolte devant la souffrance et les contradictions d'une « situation » vidée de son sens et devenue intolérable.

Les premières réponses, les premières formes de la « sortie de crise », destinées à la restauration de la sérénité et peut-être du bonheur, sont de deux sortes. Les sujets se séparent (avec ou sans divorce) et réitèrent la même aventure avec d'autres amants : aveuglément, n'ayant rien changé de leurs conceptions de la relation et de l'amour, ils préparent sans doute de nouveaux conflits et de nouveaux échecs. Ils ne sont pas poussés par une pulsion de « répétition » comme le croient les psychanalystes, ils poursuivent seulement leur existence avec les mêmes perspectives, celles qui furent toujours les leurs ; les époques temporelles ne sont différentes que par les différents partenaires qui interviennent dans le cours inchangé de la vie du sujet. Il est clair que cette solution de la problématique est purement illusoire. Non seulement elle ne résout rien, mais elle risque en outre de favoriser la naissance d'un sentiment d'absurdité. La suite indéfinie des « aventures » finit par convaincre le sujet du caractère nécessairement éphémère de l'amour, et donc de son néant et de son inutilité. Quand Sartre explique que l'existence humaine, ne pouvant accéder à la divinité, « est une passion inutile », il souhaite certes reprendre en athée la vision chrétienne de la Passion, en la ruinant ; mais il évoque aussi, en l'état actuel du langage, ces passions amoureuses qui se succèdent indéfiniment et sont incapables de construire un sentiment substantiel qui ne déboucherait pas sur le vide.

Mais Kierkegaard avait déjà bien critiqué ce stade qu'il nommait « esthétique ». Il avait déjà décelé, au cœur de ce choix de vie, l'angoisse. Sartre n'ira pas plus loin. Et Jankélévitch avait bien fait la critique de « l'aventure », mais il n'a souhaité lui opposer que le choix du « sérieux », sans se soucier ni de joie ni de bonheur.

Je poursuis donc ma propre analyse.

Une autre solution immédiate (et irréfléchie), pour « sortir » de la crise sans recourir à la séparation, est ce qu'on appelle le libertinage. Les sociologues, les psychologues et les médias nous en donnent des images claires. Les couples, mus par leur commune lassitude sexuelle ou leurs conflits, partagent une même vision « perverse » de la sexualité et se rendent ensemble ou séparément dans des lieux, des « clubs libertins » où, disent les observateurs, ils « réalisent tous leurs fantasmes ». Sexualité de groupe, homosexualité masculine et féminine, échangisme, copulation en public sont à la fois l'usage commun de ces clubs et le contenu de romans célèbres comme *Histoire d'O*. Dans celui-ci, on s'en souvient, l'héroïne « se donne » aux participants de soirées libertines sur l'ordre de son amant qui souhaite des preuves d'amour. Selon les auteurs, les lieux et les personnes, les sujets sortent de ces expériences avec un sentiment de satisfaction ou un sentiment d'absurdité. Ils ont éprouvé (ou n'ont pas éprouvé) un plaisir intense, mais ils sont renvoyés à la nudité de l'expérience : l'amour était absent et le plaisir à rechercher indéfiniment. D'ailleurs, aucun des participants (ou presque…) ne formulait une demande d'amour. Tous recherchent, en cette forme de vie, allégresse et plaisirs fermés sur le présent et ouverts sur le renouvellement indéfini.

Il appartient aux sujets concernés de décider du sens du libertinage dans leur existence. Il est probable que le surgissement de l'absurde et de l'éphémère ait lieu assez rapidement. Le problème du libertinage est le même que celui des amours multiples après la séparation juridique ou existentielle des amants : une sortie de crise hors des contraintes sociales mais dans le prolongement des désirs les plus immédiats. Le papillonnage amoureux, comme le libertinage (partagé ou non dans un « couple »), ne résout aucun des problèmes posés par la relation d'amour puisque les uns (les amants « libérés ») ne font finalement que reconduire les problématiques du conflit, et que les autres (les « libertins ») ne posent même pas la question de l'amour puisqu'ils l'excluent de leurs préoccupations et de leurs choix.

Je ne condamne aucune démarche puisque je me situe dans une perspective non morale et non moralisatrice. Je dis seulement que le papillonnage et le libertinage sont des réponses (adéquates ou non) aux problèmes de la sexualité sans amour, mais non pas aux problèmes de l'amour lui-même comme relation unitaire de conscience et de chair.

Finalement étrangers à la construction du sens, papillonnage et libertinage sont étrangers à l'amour. S'ils se présentent comme des solutions aux difficultés conflictuelles du mariage monogame, ils sont des « déplacements » ou des illusions. Ce qu'ils peuvent revendiquer, c'est de savoir construire un sens spécifique en s'appuyant exclusivement sur la poursuite indéfinie du plaisir et sur la recherche d'un renouvellement perpétuel et d'une intensité toujours croissante. Il leur appartient de s'affronter comme ils l'entendent au problème de la discontinuité d'un temps répétitif. Nous devons donc, avant de proposer des solutions véritables à la crise du conflit amoureux, poursuivre l'analyse rapide des solutions illusoires.

La transparence

La plus importante de ces solutions est la « transparence ». On peut évoquer, si l'on veut, Sartre et le Castor puisqu'ils sont, à cet égard, bien présents dans l'esprit public. Mais ils ne sont que l'illustration célèbre d'une problématique qui les dépasse.

La transparence consiste, on le sait, dans l'engagement réciproque de deux amants à reconnaître toujours leurs éventuelles rencontres avec un tiers. Elle est donc le choix de la sécurité réciproque, ce choix s'appuyant sur une affirmation de la liberté respective de chacun et de la légitimité des décisions et des conduites qui en découlent.

Les motivations de la transparence sont claires : il s'agit d'éviter les futurs conflits en écartant, par la sincérité réciproque, la possibilité et l'émergence de la trahison.

L'engagement à la transparence n'est pas l'engagement moral à respecter le contrat monogame et à reconnaître, éventuellement, tout manquement à ce contrat, et cela dans une sincérité courageuse et coupable. Non. La transparence dont il est ici question est l'engagement de sincérité dans le cadre ou hors du cadre matrimonial, cette sincérité programmée signifiant dès le départ que, bien entendu, des tiers pourront intervenir éventuellement, l'exclusivisme sexuel et réciproque étant tenu pour impossible, régressif et coercitif. Chacun dit à l'autre : nous nous aimons, nous formons ensemble une unité précieuse ; mais nous sommes tous deux des êtres libérés de toute tradition, de tout moralisme, et nous incarnerons ensemble, par l'offrande faite par chacun à l'autre du récit de ses aventures, une nouvelle morale de la liberté et de la responsabilité.

Chacun affirme donc dès le départ à la fois ses qualités de sincérité et sa « lucidité » quant aux choses de l'amour. Chacun ménage donc l'avenir et annonce le devenir des sentiments. Il n'y aura pas trahison ; seulement la multiplicité éparse des sentiments et... Et la satisfaction intérieure (et partagée) de se conduire en êtres libres. Ou, comme disent les protagonistes des films de série B, « en adultes ».

Et si la transparence, plus qu'une conduite libérée, était une conduite « morale » ? Son but principal semble bien être en effet, en écartant la possibilité de la « trahison », de se situer non seulement au-delà des conflits de la jalousie (en croyant gommer la souffrance), mais encore au-delà de la culpabilité. Dans le couple « transparent », chacun reconnaît que ce serait une grave « faute » de ne pas « avouer » un amour de circonstance, et que c'est au contraire une belle preuve d'honnêteté que de dévoiler à son partenaire l'intervention désirée et désirable d'un tiers. Il est alors clair que ce qui est recherché est une satisfaction morale, c'est-à-dire en somme une bonne conscience. Et si la transparence était le fait de la « belle âme » ?

Il y a certes une différence entre la « belle âme », incapable d'agir en raison de son souci de pureté (et critiquée par Hegel songeant à Kant), et les amants de la transparence : eux, ils agissent en effet. Et Sartre a bien critiqué, lui aussi, cette posture morale, narcissique et inefficace, dans *Les Mains sales*. Il reste que, dans l'amour de transparence, ce qui est combattu est tenu pour *faute grave* : la trahison, mais aussi la dissimulation. Le but fondamental est bien la sauvegarde de la liberté de chacun, mais cette sauvegarde se fait dans le cadre d'une morale traditionnelle, avec ses codes et ses exigences, avec ses anathèmes par conséquent. Trahison et dissimulation sont le mal, et donc sources de culpabilité : c'est dans ce contexte que se place la transparence amoureuse, et non pas seulement dans la perspective d'une lutte pour la liberté commune.

Ce moralisme de la transparence serait le bienvenu s'il résolvait réellement le problème qu'il croit résoudre : sauver la vie d'un amour en supprimant et en dépassant la problématique de la jalousie. Par la théorie de l'amour « nécessaire » et des « amours contingentes », théorie assumée par les deux amants, l'amour serait à l'abri de la souffrance et il déploierait sa joie dans une belle liberté partagée.

Mais on est loin du compte. Le plus grand roman de Simone de Beauvoir, *L'Invitée*, décrit longuement et avec délicatesse la souffrance que produit chez Françoise l'irruption de Xavière auprès de Pierre. Plus convaincante encore est la correspondance de Sartre et du Castor où l'aventure américaine de Simone avec Nelson Algren n'incarne pas forcément toute la joie promise par la transparence. Simone de Beauvoir s'interroge douloureusement sur la question de savoir si elle restera en Amérique avec Nelson ou si elle reviendra en France avec Sartre.

Indépendamment de ces témoignages particuliers, considérons de plus près la relation dite transparente.

Le don de la vérité fait à son partenaire par le sujet n'est pas aussi innocent et « moral » qu'il veut bien s'en donner l'air. Car enfin, il signifie bien (dans les deux sens du mot signifier : délivrer un sens, imposer à l'autre une décision) que la relation est devenue insuffisante. Appeler « contingente » une nouvelle relation pour en atténuer l'importance ne fait pas qu'elle soit *réellement* secondaire, puisqu'elle est désormais une expression et une condition de la liberté du sujet.

Elle est non seulement importante pour le sujet, mais aussi significative pour le partenaire : il lui est clairement signifié que son pouvoir d'attraction érotique et affective n'est plus suffisant pour combler le Désir (et les désirs) du sujet. Certes, ce message est délivré sans agressivité puisqu'il l'est dans le cadre du contrat préliminaire de transparence. Mais, précisément dans le cadre de ce contrat, le message s'enrichit d'une autre signification : il dit non seulement l'insuffisance de fait de la relation de base, mais la confirmation d'une ancienne prévision. L'amant sincère dit en somme à l'autre : nous avons librement annoncé et attendu ce moment de l'insuffisance, et le temps est venu d'en tirer les conséquences. Le partenaire, qui a peut-être déjà fait la même découverte, consent à l'événement puisque sa propre liberté s'y est engagée, mais il n'est pas certain que la sérénité soit immédiate, totale et partagée.

C'est que la déclaration de liberté du sujet, occupé également « ailleurs », toute douce et légitime soit-elle, ne peut préjuger de son impact réel sur la vie et le sentiment du partenaire. La souffrance n'est pas exclue, même si, au nom de l'engagement préalable, elle s'interdit toute récrimination et toute exigence. Mais si une souffrance (fût-elle passagère) est susceptible de se produire chez le partenaire dûment informé, que devient le sens de la déclaration du sujet ? N'a-t-il pas assumé à l'avance, toujours au nom du contrat de transparence et de la bonne conscience, la possibilité d'une souffrance chez le partenaire, peut-être moins vaillant qu'il n'y paraît ? Mais quelle est cette conduite qui, au nom du consentement de la victime (le partenaire insuffisant), lui assène une vérité peut-être douloureuse ? Je ne m'avancerai pas jusqu'à parler de sadisme latent. Mais je parlerai au moins de conduite irréfléchie et peut-être même, en certaines circonstances, de présomption. Et si le sujet (qui certes n'est plus un traître...) était bien audacieux et trop assuré de son bon droit, dans la certitude où il est que l'autre restera serein au cœur de la nouvelle situation ?

Il est vrai que, parfois, ces couples de la transparence pratiquent aussi le libertinage et, par exemple, ce qu'il est convenu d'appeler le triolisme. Dans ces cas-là, l'amour est à l'évidence absent, et la problématique du conflit amoureux n'a pas été résolue.

En dehors de ces expériences libertines qui scandent parfois le cours des amours transparentes, la question se pose maintenant de savoir si, en dehors également du surgissement possible de la souffrance, l'amour véritable est encore présent au sein du « couple ». Je ne dis évidemment pas, comme on le croit parfois, que la jalousie est une preuve d'amour et que l'amour transparent n'est plus un amour parce qu'il a exclu la jalousie. Je me demande seulement si la relation ternaire (au moins) est bien en mesure de sauvegarder un amour dans la force de sa splendeur.

Je me demande donc si, en fait, les relations ternaires de transparence n'ont pas mis en œuvre des relations principalement sexuelles et sociales, relations nommées amour par conformisme. Il est fort possible que, en réalité, les amours de transparence soient des relations de convenance sociale, basées sur la liberté sexuelle et la coopération active du couple dans les choses de la vie. Écrire et travailler ensemble mais sans cohabitation, gagner respectivement sa vie dans des professions identiques ou différentes, se raconter ses amours de passage avec parfois un léger mépris souriant, protecteur et complice à l'égard de ces tiers, une telle relation ne me semble pas porteuse de la grande joie d'amour qu'il est question ici d'instaurer dans sa force et sa permanence.

C'est dire que, bon an mal an, l'amour de transparence peut bien sauvegarder la liberté, le plaisir et la sérénité, il n'est pas certain qu'il soit en mesure à la fois de résoudre le problème de la jalousie exclusiviste et de sauvegarder l'idée d'un amour qui déploierait dans le temps l'éclat de sa joie.

Il n'est donc pas sûr que l'amour de transparence résolve les problématiques de l'amour : en général, il propose des solutions empiriques aux problèmes des relations sexuelles et sociales. Mais s'il arrive, par la claire détermination des sujets, que l'amour réel soit sauvegardé, il peut arriver alors que soient reconduites et réitérées toutes les dialectiques de la domination, de la servitude et de la jalousie que nous avons observées dans l'amour exclusif.

Les Liaisons dangereuses serait la belle illustration d'une nouvelle menace : une transparence qui mène les héros à la haine et à la mort par les chemins de la complicité cynique et sadique contre le tiers dupé.

Le mariage polygame

N'y aurait-il pas lieu, dès lors, de songer à une solution institutionnelle de la problématique du conflit amoureux ?

C'est la polygamie, le mariage polygame qui semble répondre à la question.

En fait, il n'est, lui aussi, qu'une solution illusoire. Les études sociologiques et historiques sont nombreuses à montrer que la multiplicité des épouses (sous un même toit ou dans des habitations proches) ne résout pas la question de la souffrance. La préférence accordée à la « favorite » et la tenue à l'écart des femmes plus âgées ou moins désirées laissent évidemment subsister les chances de la jalousie et du conflit. Le mariage polygame, explicitement fondé sur la transparence, sur la propriété et sur l'autorité, contient en fait tous les germes du conflit amoureux et se borne à régler les problèmes de la sexualité et de la vie sociale. Il ne résout pas par essence les problèmes de la jalousie et du conflit. Ajoutant à la souffrance éventuelle du mariage monogame la possibilité d'une nouvelle souffrance, celle qui proviendrait de la présence charnelle des « épouses » rivales, le mariage polygame ne résout pas plus que le papillonnage, le libertinage ou la transparence les problèmes du conflit amoureux.

Lassitude sexuelle, conflits de puissances, jalousie, culpabilité, méconnaissance, malentendu, formalisme institutionnel et contrainte, toutes ces sources de souffrances ou quelques-unes d'entre elles ne dépendent donc pas essentiellement du cadre juridique du mariage, quel qu'il soit. Ces souffrances, ces conflits naissent aussi bien à l'intérieur qu'à l'extérieur de l'institution du mariage. Les amants malheureux qui se désespèrent ou qui se déchirent peuvent aussi bien être « libres » que mariés ou divorcés. Et la rivale ou la victime peut aussi bien être l'épouse unique, ou l'une des épouses, ou une femme libre.

Que la problématique de la souffrance et du conflit amoureux reste entière dans la perspective du papillonnage, c'est ce qu'illustre de façon caricaturale la vie de Victor Hugo. Dans son livre dynamique, *Hugo Victor pour ces Dames*[1], Michel de Decker rassemble toutes les informations objectives qui permettent de se prononcer. Faits de notoriété publique ou carnets érotiques secrets de Victor Hugo, environnement et action politiques, ou récit détaillé des événements privés, des voyages, des exils, des déménagements, et surtout des rencontres amoureuses historiquement avérées, tous ces documents construisent une image singulière de la vie et des choix érotiques de l'écrivain.

Sa vie sexuelle fut intense. Je n'ai pas l'intention de la juger puisque mon propos (je l'ai dit) n'est pas moralisateur. Et je n'ai pas non plus l'intention, au nom d'un moralisme caché concernant le sexe, de déprécier l'œuvre poétique et littéraire de Hugo. Si la vie personnelle de l'écrivain nous concerne ici, c'est parce qu'elle est *exemplaire* : non pas par sa « vertu » ou par son « énergie », mais par sa banalité. Par la banalité de son « humanité ». Non pas la banalité d'une sensibilité généreuse, mais la banalité d'une spontanéité irréfléchie.

Victor Hugo a aimé d'amour Adèle son épouse, Juliette Drouet sa maîtresse, jusqu'à leur mort, mais aussi, et en même temps que ces deux femmes, Louise Colet (qui sera liée à Flaubert), Judith Gautier (la fille de Théophile), Louise Michel (la Vierge Rouge), Sarah Bernhardt (la célèbre comédienne). À ces amantes, il faut ajouter de nombreuses admiratrices (parfois poètes elles-mêmes) et de fort nombreuses femmes de chambre, servantes, prostituées (en maison close ou en ville), les unes ou les autres étant, selon les carnets érotiques de Hugo, tarifées (Michel de Decker donne toutes les précisions). Dans ses carnets, Victor Hugo utilise des codes, des signes, des expressions latines ou espagnoles qui le plus souvent disent une « victoire » (« *todo* », tout) et rarement une défaite. Michel de Decker n'a peut-être pas complètement tort d'exprimer sa réprobation et de tenir son héros pour un « obsédé sexuel ».

Dans cette vie amoureuse totalement « libérée », on remarque certes la vigueur stupéfiante du jeune homme et du vieillard, mais aussi la fréquente simultanéité de ses amours et la présence constante et répétitive de la séquence traditionnelle affective (séduction – extase – « trahison » – souffrance des femmes – jalousie des femmes et de l'écrivain).

La vie « amoureuse » de Hugo est donc à l'évidence une vie surtout sexuelle dans sa pratique dominante, et totalement spontanée et irréfléchie dans sa conduite à l'égard de ses maîtresses. Il ne leur a évité aucune souffrance et n'a jamais reconnu, ni juridiquement ni concrètement, Victorine, la fille qu'il a eue avec Louise Michel.

Ce qui nous concerne dans cette vie, ce n'est ni « l'obsession sexuelle » (comme dit Michel de Decker), ni « l'immoralité », mais le fait qu'un écrivain de valeur ait tenté de déployer la liberté d'aimer sans se poser la question de la souffrance fréquente de *ses* femmes, ou de sa propre souffrance sporadique.

Si l'on peut se poser la question du courage de Victor Hugo dans sa démarche existentielle, ou de sa passivité face aux lectrices séduites-séductrices, il n'est pas douteux au contraire que sa vie présente, dans un miroir grossissant, ce qu'est le désir de tout être humain lorsqu'il n'est pas dépassé, transformé et reconstruit par la réflexion.

Quoi qu'il en soit, on ne risque guère de se tromper en affirmant que l'opinion la plus large admettra en souriant la légitimité des « frasques » du grand homme, tandis que, dans le même temps, elle jettera un regard réprobateur sur les amours multiples de l'homme quelconque (« tous les mêmes ! »).

La vie de Victor Hugo montre le lien éventuel du papillonnage à l'humaine condition, elle ne propose pas cependant de solution à la question de la souffrance et du conflit amoureux.

On le voit, les conflits et les souffrances dépendent essentiellement de l'*attitude* des sujets à l'égard de l'amour et à l'égard de l'autre. L'institution du mariage peut aggraver les conflits, ou les masquer (parfois même les résoudre), elle ne les crée pas.

Mais si les souffrances de l'amour proviennent des sujets et de leurs attitudes, c'est en agissant sur ces attitudes que les sujets auront une chance de connaître durablement la joie véritable de l'amour.

Les belles tentatives

Avant de proposer une voie qui permettrait d'agir sur les attitudes conflictuelles de l'amour, il est indispensable de tenir compte d'une réalité aussi forte que la fréquence de l'échec amoureux : c'est l'existence, elle aussi fréquente, de l'amour somptueux et réussi (je n'ai pas dit heureux). L'histoire effective (ou l'expérience quotidienne) nous en offre de nombreux exemples. Mais ce qui fait le prix de ces grandes expériences de l'amour, ce n'est pas qu'elles aient exclu ou dominé la souffrance, c'est qu'elles ont tenté et réussi en effet le déploiement d'un véritable amour. Nous sommes alors mis en présence du défi majeur et victorieusement relevé : oui, le bel amour, le grand amour fidèle et véritable existe effectivement dans l'histoire de l'humanité. La tentative de construire le plus ambitieux des projets et de vivre en effet ce qu'il y a de plus désirable dans l'existence humaine, cette tentative pour accéder à l'amour parfait, est la preuve même que, en lui-même, l'amour n'est pas un leurre et qu'il est un élément constitutif de l'esprit humain. Dans tous les cas, que nous allons évoquer, ce qui ressort est l'évidence absolue d'un amour intense, l'évidence éclatante qu'un amour est là et qu'il est la plus haute justification de l'existence et l'accomplissement même du plus haut Désir.

Cependant, et parce que, dans ces grandes expériences, la souffrance n'est pas exclue mais bien souvent acceptée ou même voulue, la question restera ouverte de savoir si un amour parfait et déployé uniquement dans la joie est une réalité envisageable. Le véritable amour, en son essence, n'est que joie et réciprocité. Mais avant de poursuivre cette perfection et d'en éclairer les conditions, nous devons être assurés que, de toute façon, avec ou sans souffrance, avec ou sans réciprocité, l'amour vrai est en effet une réalité déjà vécue par l'humanité.

Ainsi, les grandes et belles tentatives de l'amour ne seront pas seulement pour nous un objet d'admiration et de réconfort, elles seront aussi la preuve que l'extrême est non seulement possible, mais encore constituant réel de l'existence humaine.

Le grand amour mystique

On connaît l'importance du Cantique des Cantiques dans l'élaboration de la mystique espagnole. On connaît bien les poèmes de Jean de la Croix et les œuvres de Thérèse d'Avila[1] et l'on sait bien, parfois, que ces écrivains qui parlent de l'amour de Dieu parlent en réalité de l'amour humain. Mais on a trop souvent la tentation d'interpréter la prose poétique de Thérèse comme l'expression d'une hystérie d'origine sexuelle, renonçant ainsi à comprendre ce que peut-être la femme Thérèse a à nous apprendre de l'amour.

Le terme d'amour fusionnel, utilisé péjorativement par les psychanalystes, peut parfois nous empêcher d'entrer dans l'essence de l'amour.

On connaît moins bien le mystique flamand Jean de Ruysbroeck (1293-1381), prieur du monastère de Groenendael, dans le Brabant, près de Bruxelles. Je voudrais simplement évoquer ses deux œuvres majeures, *Le Royaume des amants de Dieu* et *L'Ornement des noces spirituelles*, sans pour autant présenter une étude exhaustive de sa doctrine religieuse, me bornant à souligner les moments de sa pensée qui disent son expérience de l'amour.

Mon propos n'est pas seulement d'identifier son amour de Dieu à un amour humain, il est surtout de mettre en évidence les contenus de cet amour, le sens qu'il a pour Ruysbroeck, et l'intérêt de cet éclairage pour notre propos qui est la question de la possibilité effective de l'amour vrai.

C'est que les affirmations de Ruysbroeck sont assez stupéfiantes.

Pour en apprécier vraiment la portée, nous devons d'abord connaître deux faits : le contexte culturel de l'œuvre de notre auteur, et l'une des formes de son action. C'est comme critique des hérésies du XIVe siècle que Ruysbroeck se présente ; elles sont d'origine cathare, manichéennes, et l'une des « prophétesses » en est Boemardinne : elle affirme que l'œuvre de chair n'est pas un péché, mais comporte une signification « séraphique » et spirituelle[2]. Des sectes se livrent au libertinage, les « Parfaits » arguant de « l'impeccabilité ». Le second fait historique est l'un des aspects de la fonction de Ruysboeck au monastère de Goenendael : il y assurait la direction de conscience auprès des femmes de la noblesse.

Une approche psychanalytique n'est donc pas indispensable pour mettre en évidence les préoccupations érotiques de Ruysboeck. Certes, les deux faits mentionnés n'ont qu'une valeur indicatrice, mais ils suffisent pour éveiller notre attention. Les affirmations de Ruysbroeck dans son œuvre deviennent alors éloquentes, et nous pouvons justifier l'interprétation « symbolique » : lorsqu'il parle de l'amour de Dieu, Ruysbroeck, comme tous les mystiques juifs, chrétiens ou musulmans, s'appuie sur l'expérience de l'amour humain. Il parle de l'amour humain. Mieux : il en analyse avec profondeur les multiples significations, il les porte à leur paroxysme et il présente comme sa propre expérience ce qu'est l'amour parfait, l'amour par excellence. *Le Royaume des amants de Dieu* comme *L'Ornement des noces spirituelles* dessinent d'abord un itinéraire mystique traditionnel comportant trois étapes : la purification, l'illumination, l'union. C'est à propos de cette ultime étape que Ruysboeck écrit sur l'amour ses pages les plus intenses. Et cette « union » est bien celle de l'amour si l'on se réfère à l'expérience la plus universelle et si l'on s'avise que Ruysboeck ne pouvait, dans ses analyses de l'union mystique, que se référer à la seule expérience possible, celle de l'amour vécu par une conscience humaine. Et l'expérience de Ruysboeck semble ici assez riche.

Il évoque d'abord, dans *Le Royaume des amants de Dieu*, « l'impatience d'amour pour goûter son Dieu avec une joie inconcevable » (p. 142). C'est que l'âme entrera « dans le palais de l'éternelle jouissance » (p. 143), le « trésor » de cette âme étant « la félicité » (p. 157). Ruysboeck ne se contente pas de décrire l'expérience ultime par un mot, il en analyse divers contenus qui sont à l'évidence des souvenirs et des expériences vécues : n'hésitons pas à le citer longuement.

« Le Saint-Esprit c'est le trésor de Dieu et celui de l'âme : car Il est un *lien d'amour*, une *étreinte*, une *ardeur pénétrante* dont tous les esprits qui se recueillent se sentent *embrasés et pénétrés* dans la *jouissance* de l'union. C'est l'amour dont l'impétuosité fait *défaillir* l'âme aimante » (p. 157, c'est moi qui souligne).

On peut rapprocher cette description de l'expérience de l'orgasme mais, ce faisant, on en limiterait la portée. L'écrivain connaît sans doute ce bouleversement du corps, il n'hésite pas à s'y référer, mais il insiste sur le fait de la signification : ce bouleversement extrême est celui de l'esprit, il est l'amour même, vécu par « une âme aimante », c'est-à-dire un sujet.

Le livre intitulé *L'Ornement des noces spirituelles* ne manque pas non plus de références fortes à l'amour comme vécu intense et passionné. Si le premier propos de Ruysbroeck est déjà (avant sainte Thérèse d'Avila, Kierkegaard et Buber) de rénover le monothéisme et d'en faire une religion non plus formaliste mais affective et existentielle, il reste que c'est par la médiation de l'expérience humaine de l'amour que Ruysbroeck communique son projet.

C'est ainsi que, dans *Le Royaume des amants de Dieu*, Ruysbroeck reprend et approfondit sa description. Il évoque « le Christ, notre Époux » et « la rencontre de l'Époux » (p. 223). Il souligne que le fidèle sera « persévérant jusqu'à la mort » (p. 225) et il souligne, chez l'âme aimante, c'est-à-dire l'amant, « le désir de voir, de savoir, de connaître comment est cet Époux » (p. 227).

Ruysbroeck n'a pas besoin, comme les psychanalystes, d'inventer une pulsion scopique pour reconnaître, dans l'expérience de l'amour, le désir de voir l'aimé et de le connaître pleinement[3].

Quoi qu'il en soit, Ruysbroeck sait bien que l'unique objet de son amour est « l'objet aimable et délectable » (p. 241), c'est-à-dire ce Dieu (cet Autre) dont il a depuis toujours désiré connaître le « goût » et apprécier la « suavité » (comme dira cette fois une femme, Thérèse d'Avila).

Les descriptions de l'amour par Ruysboeck sont assez fortes et assez concrètes pour qu'on s'y arrête encore un moment. On verra de mieux en mieux qu'il s'agit bien ici de l'amour même, et l'on confirmera en passant que le prieur de Groenendael est d'abord un grand écrivain (comme de nombreux mystiques).

Notre auteur parle de « la puissance concupiscible de l'âme » pour rendre compte du désir de Dieu, de la faim et du goût de Dieu. Ses descriptions sont intenses et sensuelles. Elles sont également perspicaces et bien informées puisqu'il évoque aussi bien la « blessure, la navrure d'amour » que la « jubilation et l'éclat de joie ». Il semble bien connaître « la meurtrissure secrète » et « la souffrance pour obtenir ce qu'on aime », de même qu'il connaît « l'impatience du désir » et son ardeur, n'hésitant pas à évoquer « la femme en travail d'enfant », c'est-à-dire l'accouchement, pour exprimer l'intensité de l'expérience d'amour. Il avait déjà parlé de l'étreinte. Il va encore plus loin dans le réalisme ou la poésie évocatrice lorsqu'il veut rendre compte de la naissance même de l'amour ou du désir d'amour : il en trouve la source dans un « attouchement » de l'âme par Dieu, dans une « touche » divine. De là proviennent « l'avidité » et « la voracité de la puissance aimante » (p. 298-299), son « appétit dévorant et insatiable ». Nous devons souligner que, dans ces descriptions, Ruysbroeck n'est pas en train de condamner vertueusement la passion d'amour, il est au contraire en train de la louer et de l'exalter (pourvu, bien sûr, qu'il s'agisse, selon lui, de l'amour de Dieu). C'est la « touche divine » qui est l'origine de cet amour et qui « excite en nous la faim et le désir ». La touche de Dieu, son « attouchement », provoque en l'âme une « tempête d'amour » et l'incite à « l'éternel séjour dans la simplicité de l'amour ». Là, « l'esprit s'immerge », défaille dans la félicité et dans l'étreinte. Et celle-ci n'est réalisable que dans la « rencontre », dans le « rapprochement de deux personnes ». Ce sont les termes mêmes employés par Ruysboeck pour décrire « *l'union* », c'est-à-dire la fusion de l'âme aimante et de son Dieu aimé. Il poursuit et approfondit sa description en notant que « l'esprit s'évanouit et s'écoule en Dieu ». Le sujet s'écoule en l'autre dans une « union sans intermédiaire ». Si l'âme a accompli « sa conversion totale vers le dedans » (p. 295), si elle sait « s'adonner à l'amour » (p. 320), alors elle connaîtra « le repos et la jouissance [...] la saveur délectable [...] et la plénitude enveloppante de l'amour ressenti » (p. 329).

Ainsi nous pouvons en être persuadés sans le secours réducteur de la psychanalyse : lorsque Ruysbroeck nous parle de l'amour de Dieu, extrême et affectivement ressenti, existentiellement vécu, il nous parle en fait de l'amour humain, il s'appuie sur l'expérience de l'amour humain, que cette expérience ait été d'abord personnellement vécue par l'auteur, ou qu'il n'en ait eu qu'une information indirecte.

Je ne souhaite pas faire un travail d'historien ou une enquête de police. Et, surtout, je ne prétends pas faire une découverte (un *scoop*) en supposant que l'amour divin décrit avec tant de force par les mystiques est en réalité l'amour humain. L'enseignement que nous voulons tirer de cette lecture attentive et sympathisante se situe ailleurs : il concerne le choix de vie de Ruysbroeck lui-même, ou de tout autre mystique existentiel et authentique. Que dit ce choix de vie ? En quoi enrichit-il notre recherche philosophique sur l'amour, notre réflexion sur l'érotique de bonheur ?

Reconnaissons d'abord que, dans toutes les hypothèses concernant la nature réelle de l'amour de Dieu, le mystique accorde la place primordiale à l'amour (aussi bien dans les textes juifs que dans les textes chrétiens et musulmans). Cette place primordiale repose sur un libre choix, même si celui-ci est un choix de consentement à la « touche » divine. C'est dire que l'entrée dans l'amour est pour le mystique un choix de vie.

Reconnaissons aussi que ce choix de vie est une sorte de sacrifice puisqu'il renonce le plus souvent aux plaisirs charnels et « mondains ». Lorsque, dans une « hérésie », le mystique « s'adonne » non seulement à l'amour spirituel mais aussi à l'amour charnel, il reste qu'il privilégie encore l'amour comme ligne de conduite. Et comme, d'autre part, le « sacrifice » des biens matériels est peu de chose, eu égard à la jouissance escomptée, on peut dire que, dans toutes les situations, le mystique a choisi de consacrer sa vie à la joie d'amour. Il intègre aisément à cette joie aussi bien les combats et les souffrances de la « tentation » charnelle que la « blessure » de l'âme aimante face à son lointain Époux.

De ce choix radical d'une vie d'amour, nous dirons qu'il est admirable. Et cela en lui-même et non pas seulement parce que Ruysbroeck, par exemple, était nommé l'« Admirable ».

La raison de cette valeur exceptionnelle de l'amour mystique ne réside pas le moins du monde, à mes yeux, dans l'attente du sacrifice matériel et charnel, puisque celui-ci n'est rien pour le fidèle. Ce sacrifice n'est en réalité source d'aucun mérite, puisqu'il marque au contraire la Préférence pour une jouissance permanente et infinie. Ce n'est pas la « vertu » du mystique ni son désintéressement qui sont ici admirés, c'est le sens de sa démarche. Qu'il soit dans la vérité (comme il le pense, et certains croyants avec lui) ou qu'il soit dans l'illusion (comme on le pense ici, et le pensent tous les athées), le mystique a placé l'amour, et l'amour seul, au premier plan de son existence et au premier plan de tous les buts désirables. Il a préféré la recherche de l'amour à la quête de la puissance ou de la richesse.

Il ne s'est pas borné à choisir l'amour contre tous les autres biens possibles, il a décidé (fût-ce en se croyant sollicité par Dieu lui-même en un attouchement sublime) de choisir l'amour le plus élevé qui soit, l'amour parfait, l'amour de l'absolu. En fait, le mystique choisit non pas seulement de vivre pour l'Absolu, mais de *vivre* l'absolu. On pourrait dire que tout le mysticisme, depuis le Zohar des kabbalistes juifs ou *Le Langage des oiseaux* du Perse Farid Uddin Attar, jusqu'à *L'Alchimie du bonheur parfait* d'Ibn Arabi ou les

Sermons sur le Cantique des Cantiques de saint Bernard, que tout le mysticisme est un immense cantique, une immense incantation à la gloire de l'amour. Ce qui est admirable en tous ces courants qui semblent converger vers leur sommet, chez Thérèse d'Avila et Jean de la Croix, c'est le privilège absolu accordé à l'amour, mais à un amour qui soit à son apogée. Et ce choix du plus haut amour n'est pas seulement verbal, « langagier » et littéraire, il est existentiel : vécu dans le temps et dans la chair du fidèle – la chair, c'est-à-dire non pas seulement les troubles somatiques réels (défaillances, palpitations, extases, hallucinations), mais encore et surtout le risque.

Le mystique n'est pas un pascalien qui, dans un pari sur l'existence de Dieu, ferait un calcul d'apothicaire prudent. Au contraire, pour son amour absolu, il prend le risque absolu. Car la foi, ici érotique et religieuse, suppose non pas la certitude mais l'incertitude. Dieu peut se « cacher », ne pas répondre. De toute façon, il sera source d'une « blessure » (terme commun, par exemple, au prieur de Groenendael et à la psychanalyste Julia Kristeva[4]). Et l'immensité infinie de l'Époux peut induire chez l'âme aimante angoisse, humilité, sentiment d'indignité, souffrance du silence de l'Autre. L'amour est un risque, l'amour absolu est un risque absolu.

Le mystique assume ce risque. Non seulement Dieu peut ne pas répondre, ou s'éloigner comme Salomon dans la plainte de la Sulamite, mais encore le fidèle peut n'être pas immédiatement prêt à la rencontre ou digne de cette rencontre suprême. Une préparation sera nécessaire. Ce sera l'indispensable chemin initiatique. Cette progression mystique de la conscience doit traverser les trois étapes de la purification, du désir et de l'union, ou bien traverser lentement et douloureusement d'abord toutes les salles de ce Château que décrit si amoureusement Thérèse d'Avila et qu'avait anticipé rabbi Akiva dans le Zohar (le Livre de la Splendeur). Mais cette traversée, cet itinéraire existentiel, cette « conversion vers l'intérieur », comme dit Ruysbroeck, cette transformation intérieure de l'esprit en quête d'amour ne sont pas assurés d'atteindre leur but. L'âme aimante peut être à la fois assurée de la valeur et de l'existence de l'amour absolu et « perplexe » (comme dit Maïmonide qui n'est pas un mystique) quant à sa propre dignité et sa propre capacité à rejoindre la fusion ultime, à entrer dans l'ultime chambre du Palais et à jouir de ses splendeurs.

L'échec et le silence menacent toujours le mystique, et la certitude de l'origine divine de sa souffrance maintient toujours dans son âme l'ambivalence de la joie délectable et de l'insurmontable blessure. Mais le mystique est un amant. Il aime et l'Autre et l'amour de l'Autre, et sa propre souffrance et sa délectation infinie.

Tout cela se joue face à la mort possible, jusqu'à la mort. La joie se déploie aussi dans l'angoisse. Mais le mystique maintient son choix : c'est l'amour qui vaut pour lui, et donc l'aimé. Non pas lui-même.

Ce qui est admirable ici est l'immense tentative, la belle tentative devant laquelle nous sommes placés. Dans le silence de Dieu, c'est-à-dire dans son inexistence de fait à laquelle doit bien songer parfois le mystique déchiré, celui-ci choisit cependant sa propre fidélité à l'amour même. C'est à l'amour et à sa valeur qu'il est fidèle. Il assume tous les risques : le silence, l'échec, l'indignité, l'ambivalence, la souffrance, celle qu'il s'impose et celle que Dieu lui impose, pourvu que l'amour soit sauvegardé. L'affirmation tenace de l'existence de Dieu face aux souffrances du monde (le servage, la peste ou les camps de concentration et d'extermination) est peut-être l'affirmation tenace et légitime de la valeur irrécusable de l'amour. C'est à cette idée que nous préparent les mystiques.

Et certes, on pourrait dire qu'ils ont échoué dans leur propre quête d'amour. Mais, par une sorte de sacrifice involontaire, ils ont consacré leur vie non pas à la réussite de leur amour (voué par le fait à l'échec), mais à l'illustration, à la « monstration » de la valeur absolue de l'amour. En fait, les mystiques consentent à l'amour non réciproque (« Dieu » reste silencieux), pourvu qu'ils puissent déployer effectivement dans leur existence tous les vécus de l'amour lorsqu'il est porté à son paroxysme. À nos yeux, le grand et bel amour mystique reste la tentative à la fois belle, héroïque et vaine de réaliser concrètement toutes les richesses de l'amour. Il est aussi la tentative de montrer par sa propre exemplarité que les difficultés de l'amour n'enlèvent rien à son prix et à ses splendeurs, ne diminuent en rien sa *préférabilité* absolue. Ses affres et ses angoisses n'annulent pas mais, au contraire, soulignent et sertissent dans la lumière de la justification la valeur absolument *Préférable* (parmi toutes les valeurs) de l'amour lui-même lorsqu'il est vécu dans la ferveur d'un cœur sincère.

L'amour parfait et la joie d'amour
(le *fin'amor* et la *joï*)

Il reste que le ou la mystique demeurent seuls face à ce qu'ils affirment être « Dieu ». Jean de Ruysbroeck, mais aussi saint Bernard dans ses *Sermons sur le Cantique des Cantiques*, Jean de la Croix dans sa *Vive Flamme d'amour*, ou Thérèse d'Avila dans le *Traité de l'âme* restent simplement face à face avec eux-mêmes. Parler de « narcissisme » ou de « transfert », en réduisant une aventure de l'esprit à un mécanisme pulsionnel, trahit et manque la portée de cette aventure grandiose et réduit par conséquent l'enseignement que nous pourrions en tirer.

Le risque d'une interprétation psychanalytique ou tragique est de se croire autorisé à affirmer l'échec nécessaire de l'amour à partir seulement de l'expérience mystique qui n'est pas exhaustive de l'expérience humaine. En réalité, l'érotique mystique (outre le fait qu'elle décrit avec profondeur et sensibilité une grande partie de l'expérience amoureuse) pose la question centrale du vis-à-vis : qui (ou quel) est *réellement* cet autre qui est aimé absolument ? Peut-il se borner à n'être qu'un néant (sublime) ou une rêverie douloureuse ou une imagination fantasmatique ? Et surtout : faut-il absolument que le Tu du dialogue amoureux soit « imaginaire » ou « symbolique » pour que ce dialogue soit réussi et que l'amour y soit parfait ? S'il en était ainsi, il faudrait décréter l'impossibilité constitutive de l'amour. Ce serait dès lors affirmer que toutes les relations érotiques de fait ne sont pas des relations d'amour, mais des relations passionnelles et obscures, *désastreuses* le plus souvent.

Pour critiquer et annuler cette hypothèse, nous devons donc établir la possibilité effective d'un amour qui ne soit ni conflictuel ou médiocre, ni simplement charnel ou cynique. C'est dire que nous devons rencontrer un amour qui, par sa réalité même, justifierait la grande tentative mystique de vivre l'amour lui-même.

Cette expérience existe : c'est l'amour courtois.

Il n'est pas indifférent de préciser que cette conception de l'amour est contemporaine de quelques grandes mystiques, puisque c'est au XIIe siècle qu'elle se déploie. Il n'est pas indifférent non plus de remarquer que l'amour de cour (« courtois ») se veut *fin'amor, amour parfait*[5], comme se veulent « parfaits » les cathares, ou comme se pense parfait l'amour vécu par le mystique au stade de « l'union ». Les historiens admettent généralement la possibilité d'une influence de l'amour courtois sur la spiritualité mystique, comme ils admettent généralement l'influence des croisades et de la poésie musulmane sur les troubadours et les trouvères. Ce n'est pas ici le lieu de traiter ces questions historiques ni d'entrer dans les analyses sémiologiques et étymologiques. Nous avons plutôt à rappeler le contenu vécu et la signification du *fin'amor* : il s'agit d'une autre tentative grandiose de vivre et de chanter l'amour véritable, à la fois extrême et désormais réel.

Car c'est bien d'amour qu'il est question. Les poètes, qui souvent chantent effectivement leur amour, défendent par leur art et leur pensée l'amour adultérin. Leur audace subversive est double : ils s'opposent fermement et pratiquement à l'institution du mariage dont ils dénoncent le caractère exclusivement économique et politique, et ils proposent une conception inouïe de l'amour.

Le *fin'amor* n'est pas essentiellement un amour chaste et purement platonique. Tel ou tel poète exprime ouvertement son désir charnel et le lieu où souhaite se trouver son corps[6]. Cercamon, un autre poète-chanteur, adresse une prière au Christ : « Saint Sauveur, abrite-moi là-bas, dans le royaume où se trouve ma dame, auprès de la plus gente, afin que, nous baisant, nos conventions s'accomplissent et qu'elle me donne ce qu'elle m'a promis[7]. » Mais là n'est pas l'essentiel puisque tous les poètes-chanteurs, qu'ils soient du Nord ou du Midi, élaborent, exposent, proclament et revendiquent un amour véritable et intense[8].

Cet amour veut se déployer selon des règles précises. Mais ce « code » (comme disent les linguistes et les sociologues) n'est pas le moins du monde la clé d'entrée dans un univers social conventionnel, il exprime la volonté paradoxale de porter au niveau de la réflexion l'ensemble des conduites de l'amour vrai. On sait que ces règles sont exprimées par André le Chapelain au XIIe siècle dans son *Traité de l'amour courtois*. Ces règles énoncent les nouveaux contenus de l'amour, le statut et la signification de la femme aimée, et enfin la conduite de l'amant dans sa vie pratique et dans sa vie intérieure. La précision des règles ne signifie pas un dogmatisme autoritaire puisque l'amant veut se soumettre à l'aimée, la Dame (de *Domina*). Cette précision provient de la clarté du propos et du niveau réflexif où il se situe. Notons que l'amour vrai est toujours une ferveur intense[9]. Mais l'expression claire, réfléchie et volontaire de la conduite érotique se trouve rarement sous la plume des écrivains, des poètes et des philosophes.

Que veut exprimer, plus précisément, ce « code » de l'amour courtois que nous désignerions volontiers comme doctrine érotique médiévale ?

Tout d'abord la volonté d'instaurer une forme d'amour qui soit *parfaite*. Les poètes musiciens du XIIe siècle n'ont peur ni des choses ni des mots. Pour eux, l'amour parfait peut exister en droit s'il est véritablement amour et non pas mariage, c'est-à-dire contrat utilitaire. Ces poètes sont tranquillement révolutionnaires et contestataires. Ils montrent par leurs œuvres et leurs actes que l'amour est subversif par nature. Il est subversif par sa puissance de critique sociale, mais également par ses contenus intérieurs : l'amour parfait n'est pas présent seulement dans la plénitude et la réciprocité, il est également présent dans la souffrance, dans la solitude, dans le risque. Car l'amant parfait (celui qui aime, non pas celui qui copule) ne présente à l'aimée aucune revendication, aucune exigence. Il ne rejette donc pas sa propre souffrance, il la pose comme constituante de son amour.

Cet amour semble essentiellement intérieur, il semble découler de ce que Ruysboeck (on s'en souvient) appelle une « conversion vers l'intérieur ». Le vécu du poète est en fait plus riche : il sait qu'il n'imposera jamais rien, il sait qu'il sera seul à subir la peine et le risque des épreuves, il veut que ses diverses souffrances, puisqu'elles sont celles de l'amour, soient le matériau de sa *joie* à lui et non pas forcément à elle.

Tout ce vécu affectif, réflexif et existentiel, il l'offre à une personne autre que lui-même. Il n'est pas vrai que l'amour mystique ou l'amour courtois soient des « narcissismes » (comme le croient sincèrement les psychanalystes qui expliquent toutes les conduites humaines par une demi-douzaine de concepts figés utilisables dans tous les contextes). Non. La doctrine érotique (acte et pensée) du poète médiéval est ancrée sur la générosité : c'est à une femme, singulière et choisie, qu'il s'adresse.

C'est à cette autre personne que s'adressent son admiration et sa plainte, sa ferveur et sa souffrance. C'est Elle (qu'elle soit « lointaine[10] » et orientale, ou châtelaine du château voisin[11]) qui justifie et illumine sa vie et ses peines. Si la générosité est, comme le montrera Descartes, la pensée de l'autre et l'une des grandes vertus, alors nos poètes, musiciens ambulants, sont *par l'adultère revendiqué* les véritables hommes de vertu.

Le riche vécu amoureux, généreux par son orientation, son intention, est donc suscité (voulu, pensé) par l'admiration. Un deuxième élément constitue dès lors l'amour parfait. C'est le libre choix de l'aimée.

Ce choix est d'abord audacieux ou risqué puisque la femme élue doit être mariée. L'amant poète n'est pas un don Juan agité et mû par ses « pulsions », il est un homme réfléchi et fervent qui décide et choisit son amour.

Le libre choix n'est pas pulsionnel et aveugle, il ne s'adresse pas aux « mi-êtres » mais à une personne de valeur. Avant de s'adresser à une femme mariée (qui ne sera donc jamais l'objet d'un viol), l'amant s'adresse, en elle, à l'aristocrate, à la Dame. Mais celle-ci n'est pas une dame de Cour tout simplement, elle doit être belle et cultivée, belle et raffinée. L'amant poète ne choisit pas une femme à aimer pour sa seule sexualité : celle-ci (accessible ou non) doit être celle d'une personne également admirable par ailleurs. Le poète ne choisira pas d'aimer une fille de ferme, c'est-à-dire une femme du peuple, une femme inculte. C'est donc à un double titre que les troubadours ont participé, parmi les premiers, à l'émancipation de la femme : d'abord en exigeant pour elle le respect absolu et la délicatesse, donc en la posant comme *sujet* (ce que ne faisaient justement pas les maris guerriers), ensuite en exigeant (à leurs propres yeux) qu'elle soit cultivée.

Lorsque le poète choisit une partenaire qui soit « idéale », et par sa réalité, et par sa beauté, et par sa culture, il procède donc à une *reconnaissance*. Le troubadour (le poète en général ?) va donc plus loin, beaucoup plus loin que le mystique : l'objet de son bel amour, le bel objet de son amour, doit être *réel*, fût-il lointain ou inaccessible. En outre, cet être réel qui sera aimé, adulé et « adoré », doit être un sujet.

Que le sujet cultivé (tant soit peu) ne puisse se rencontrer que dans la noblesse pose certainement un problème. C'est là le défi de nos démocraties contemporaines : offrir au plus grand nombre (à Zerline et à Suzanne) la possibilité de l'émancipation par la culture. Mais il y avait une urgence préliminaire : reconnaître d'abord que les femmes ont une âme, et qu'elles peuvent être des sujets sans cesser d'être de belles personnes admirables et désirables.

Dans l'approche de l'amour courtois, la question sociale n'est donc pas pour nous un véritable problème. On souhaite aujourd'hui encore, pour certaines régions ou certaines religions, que la femme soit enfin reconnue comme sujet, c'est-à-dire comme personne autonome et créatrice. À cet égard, les troubadours sont évidemment plus avancés qu'un bien grand nombre de nos contemporains.

C'est d'un point de vue un peu plus circonscrit que la relation, dans le *fin'amor*, pose un problème.

Bien sûr, l'aimée, respectée et adulée, est posée comme un libre sujet dont on doit solliciter l'accord, mais ce sujet qui est une femme est aussi posé comme une Dame, c'est-à-dire une amante possible qui est déjà une dominatrice et qui est désirée comme telle. L'amant du *fin'amor* se veut soumis. Certes, il affrontera les épreuves avec courage, mais ces épreuves seront décidées par la Domina, la Maîtresse. Et elle décide non seulement des épreuves, mais de la réponse qu'elle donnera ou ne donnera pas à son admirateur. La Dame brille et rayonne, mais en même temps elle ordonne et dirige. C'est elle qui décide de la distance plus ou moins grande qui doit être instaurée entre elle et son admirateur.

Et certes, elle est heureuse qu'on l'adule. Et son admirateur est souvent pour elle un amant possible, en tout cas un être dont on accepte avec un plaisir plus ou moins manifeste les chants et les adorations. Mais il reste que l'on n'est pas encore dans la réciprocité véritable. L'une domine, et l'autre se consume. Il en est aussi heureux qu'elle, et c'est pourquoi le *fin'amor* a dépassé le conflit. Il crée la souffrance sans le conflit par le dévouement et le désintéressement demandés à l'amant. Mais ce choix commun d'un amour parfait effectué par l'homme et par la femme, tous deux libres, est le fruit, du côté de l'amant, d'une servitude volontaire.

Sans doute est-elle vécue dans la joie et le consentement, mais elle reste une servitude, c'est-à-dire la soumission d'un être libre. C'est-à-dire une souffrance[12].

Cette difficulté s'avérera dans quelques-unes des règles d'amour et sera finalement la source de l'échec de cette grande et belle tentative que fut la doctrine courtoise de l'amour. En effet, l'une des règles stipule que le succès trop facile ôte bientôt son charme à l'amour et que les obstacles lui donnent du prix (règle XIV). N'est-ce pas alors rechercher les difficultés par une sorte de calcul pour les transformer en excitants ? Le choix d'une Dame de « qualité » comporterait donc une motivation secrète et intéressée, ancrée sur le sujet aimant et non plus sur l'être aimé. Il en va de même avec la règle XIII qui affirme qu'« Amour divulgué est rarement de durée ». Le choix réfléchi de l'amour adultère serait alors le choix d'un amour quasiment impossible par la gravité des obstacles qu'il invente comme « épreuves », et par la nécessité du secret comme stratégie d'excitation. Certes, la recommandation des égards dus à la Dame et du respect qui accompagne l'admiration subsiste comme acte de reconnaissance et reste précieuse, mais la délicatesse et l'abnégation du *fin'amor* risquent d'être compromises par un calcul d'efficacité et par la dépendance d'un vécu ardent par rapport à une stratégie élaborée.

C'est l'amour lui-même qui se met alors en danger. La règle XVII affirme tranquillement que « Nouvel amour chasse l'ancien ». Mais que reste-t-il alors de la ferveur et de la passion de cet ancien amour ? Que deviennent les qualités et les vertus de l'amour précédent ? C'est que, prétend la règle IV, « l'amour peut toujours croître ou diminuer ». En ce cas, l'amant se situe sur le plan de la spontanéité empirique plus ou moins aveugle et plus ou moins calculatrice. L'amour de belle apparence risque alors de devenir simplement une technique de séduction de l'autre et d'excitation du Je. Les contenus de l'amour sont manipulés, utilisés dans une perspective qu'il faudra bien dire « narcissique » sans que puisse être invoqué un quelconque inconscient puisque la démarche courtoise est entièrement explicite et élaborée. Et ce narcissisme est cynique non pas seulement à l'égard de la femme aimée (dont il utilise l'amour de soi), mais à l'égard de l'idée même de l'amour (qu'il transforme en processus maîtrisables et utilisables). Si bien que l'amant du bel amour peut faire songer parfois à ces séducteurs du XVIIIe siècle qui manipulaient les amies de leurs amies afin d'obtenir simplement leurs faveurs.

On le voit, l'amour courtois est l'élaboration délibérée d'une technique et d'une conduite destinées à faire céder la volonté de la femme dominatrice. Mais il n'empêche que cet amour est une démarche réellement fervente et admiratrice, en même temps qu'elle est une conduite concertée et une libre soumission. Il reste à mes yeux l'une des belles tentatives de réussite de l'amour. Car si, finalement, il échoue historiquement par la résistance de l'institution du mariage et par l'accroissement de la conscience de la liberté (qui refuse en définitive de se rendre serve, fût-ce par amour), il n'en a pas moins jeté les bases d'une nouvelle conscience : l'amour, en sa plus haute acception, suppose la reconnaissance de l'autre comme personne singulière et admirable ; l'amour vrai mobilise les ressources de la réflexion et il est un acte de la liberté ; et, enfin, les difficultés de l'amour ne sont pas un obstacle à l'amour. L'amour courtois est certes, en fin de compte, un amour malheureux, malgré l'expérience de la joie ; mais tous les éléments y sont donnés qui permettent d'affirmer que l'amour vrai est possible et non pas impossible, et que l'échec ne fait pas partie de son essence. Est aussi souligné, par cette tentative historique, le fait que l'amour exige, pour sa réussite, une réflexion et un éveil ininterrompus.

**Les renoncements fidèles :
la religieuse portugaise,
Bérénice et la Princesse de Clèves**

Ce n'est donc pas par nécessité interne de l'amour que celui-ci échoue : chez le mystique, c'est par l'irréalité du partenaire ; et chez l'amant courtois, par la dialectique contingente de la soumission volontaire.

Mais, dans ces deux situations, l'amour, en l'âme du partenaire adulé, est affirmé par l'amant. Dieu est censé aimer le mystique et la Dame est censée n'être pas indifférente au poète.

Mais cet amour de l'amant est-il encore imaginable lorsqu'il est avéré que le partenaire s'y refuse ou qu'il n'existe tout simplement pas ? L'amour non réciproque est-il possible ?

Il se trouve que l'histoire (politique et littéraire) répond par l'affirmative. Elle nous offre des exemples impressionnants d'amour non partagé et cependant permanent et fidèle, exclusif et constant. Et si, dans ces cas, nous sommes en présence de conduites admirables, c'est que l'amour malheureux mais extrême est toujours consenti, voulu, nourri par l'âme aimante.

On connaît l'histoire de la religieuse portugaise. Au XVIIe siècle, lors d'une campagne militaire diligentée par Louis XIII au Portugal, une religieuse d'un couvent de Beja, au sud du pays, s'éprend d'un officier français et engage avec lui une correspondance d'abord croisée puis rapidement unilatérale : l'officier repart en France et l'abandonne. Mariana Alcoforado poursuit sa correspondance et finit par renoncer à tout espoir de revoir son amant. Elle n'aimera jamais personne d'autre, sinon peut-être son Dieu, mais d'une manière si appauvrie qu'elle n'en parla jamais. Cette moniale catholique n'aima d'un amour extrême, intense, et radicalement subversif, qu'un seul être, et c'était un homme. On pourrait même se demander si l'intensité de son amour humain n'était pas en partie le fruit de son éducation religieuse, c'est-à-dire de son rapport à ce qu'elle pensait être un lien d'amour. Mariana exprimerait alors la vérité et la signification profonde de l'amour mystique pour Dieu. Seule une religieuse, certes subversive mais croyante, pouvait aimer un homme avec une telle intensité[13]. Par Mariana, nous savons que si l'amour de Dieu n'était qu'un substitut (un « transfert ») de l'amour humain, c'est cet amour, lorsqu'il est intense, qui est la vérité et la signification de l'amour « divin ». C'est l'homme et la femme qui éclairent la religion et non l'inverse. Lorsque Novalis écrit « Christ-Sophie » après la mort de son aimée, il appauvrit et n'exalte pas vraiment son amour pour une adolescente d'exception en faisant passer son souvenir tragique derrière son mythe consolateur. Jamais Mariana Alcoforado ne confond Dieu et l'officier français. Elle sait bien que c'est d'amour humain qu'il s'agit dans son aventure tragique, et que c'est cet amour qui est le fondement métaphysique de sa propre vie.

Si l'amour humain qu'éprouvait Mariana éclaire et fonde en fait sa religiosité chrétienne, c'est (d'une façon plus radicale encore) la véritable nature de ses *Lettres* qui en éclaire le sens. On a longtemps discuté leur authenticité ; il apparaît bien, maintenant, qu'elles sont une œuvre littéraire de fiction écrite par le comte de Guilleragues (1628-1685), publiée en 1669 et présentée par lui comme une traduction.

Ce fait renforce la signification du contenu : il s'agit de l'expression exceptionnellement forte de l'amour tel que pouvait le concevoir (et le vivre) un écrivain contemporain de Racine. Ce n'est pas la place, ici, de citer longuement ces *Lettres* admirables, reconnues désormais par tous comme l'une des plus belles expressions de l'amour vrai. Nous voudrions souligner une autre signification. L'héroïne, peu à peu « abandonnée », ne se borne pas à exprimer son amour avec une force et un rythme étonnants, elle entreprend la tentative désespérée de le faire comprendre et partager. Elle dit simultanément son amour et sa souffrance. Elle se désole du « sacrifice de sa vie » mais, tout en évoquant l'idée de vengeance, elle sait ne pas vouloir se venger. Elle clame sa douleur, mais ne se livre pas au ressentiment. Elle évoque sa religion en passant, mais laisse comprendre que sa véritable religion est l'amour, elle reconnaît qu'elle « adore » celui qui fut son amant, et n'éprouve aucun remords. Elle sait qu'elle est « abandonnée », mais elle reconnaît aussi, pour dire l'intensité de sa passion, qu'elle « s'est abandonnée » à son amour et à son amant.

Ce qui fait la grandeur et la beauté de cette tentative pour faire vivre l'amour extrême et réciproque, c'est que toute la « foi », l'intensité et la joie suprême d'un amour qui aurait pu se rapporter à un Dieu sont explicitement et sans réserve rapportées à un homme. Et cet homme, qui ne connaîtra avec ses « maîtresses de France » qu'un amour « languissant », alors que la jeune femme portugaise lui offre un amour flamboyant, cet homme n'est jamais ni haï ni méprisé. Il est « pardonné ».

Il n'est donc pas indifférent que l'écrivain, auteur véritable des *Lettres*, ait choisi une religieuse pour incarner leur auteur fictif. Seule une religieuse pouvait exprimer un amour – si paradoxalement – extrême et passionné, charitable et, en somme, fidèle[14], porté à un tel degré d'incandescence et de tragique, et conçu finalement comme un « sacrifice », le sacrifice de la vie même.

L'auteur véritable n'a pas choisi comme personnage central une religieuse seulement pour incarner le meilleur porte-parole de l'amour humain absolu, il l'a choisi aussi pour sa valeur subversive. En effet, ces *Lettres* ont une double valeur d'interpellation. Elles clament d'abord que, oui, le grand amour est une souffrance, mais il est d'abord l'amour : il existe et il est la justification de toute souffrance. Elles clament ensuite la puissance subversive de l'amour. Certes, la claustration involontaire des jeunes filles est courante au XVIIe siècle, mais Mariana, pourtant fictive, ne rejette pas son christianisme ; c'est comme religieuse croyante et chrétienne (sensible au « péché ») qu'elle se livre à son amant, à son amour et à sa souffrance. Ces *Lettres* ne sont pas seulement un immense événement littéraire et l'une des belles tentatives pour exprimer et vivre à l'extrême la joie d'aimer ; elles sont aussi un manifeste subversif : c'est l'amour humain qui a le primat sur toutes les formes de l'amour et sur toutes les valeurs.

Quoi qu'il en soit, il semble avéré que l'amour éprouvé par Mariana est un amour malheureux et qu'il exprimerait alors l'essence de l'amour voué à l'échec. Mariana, dans sa cinquième *Lettre*, ne dit-elle pas à son amant qu'elle lui renvoie ses lettres ?

Regardons mieux, cependant. Elle précise qu'elle conservera les deux dernières lettres de son amant « afin de ne retomber plus dans mes faiblesses ». Et si c'était pour rester toujours avec lui ? Car si elle annonce qu'elle espère arriver à « un état plus paisible », elle laisse entendre que, si elle n'y parvenait pas, elle prendrait contre elle-même « quelque résolution extrême » – bien loin, donc, de voir la fin de son amour et de souligner son passage à la raison (comme le croient certains critiques).

Mariana est consciente de la permanence de son amour malheureux, et cela malgré son effort apparent pour s'en défaire. On pourrait dire qu'elle est consciente de sa dénégation et qu'elle désire en fait la sauvegarde de son amour et de sa pérennité. Elle écrit, dans les dernières lignes de cette dernière lettre : « Je suis une folle de redire les mêmes choses si souvent... » Certes, « il faut vous quitter et ne penser plus à vous », mais « je crois même que je ne vous écrirai plus ; suis-je obligée de vous rendre compte de mes divers mouvements ? ». C'est la vérité même qui est ainsi exprimée par la religieuse : elle se propose bien de ne plus penser à son amant, mais elle conserve deux lettres qu'elle relira attentivement ; elle se propose de ne plus lui écrire, mais elle apporte une restriction par le doute (« je crois même que je ne vous écrirai plus ») et, enfin, sous l'apparence de l'indignation et de la fierté (« suis-je obligée de vous rendre un compte exact... ? »), elle laisse entendre à son correspondant qu'il y a en elle « divers mouvements ». N'est-ce pas dire qu'elle retrouvera sa passion, elle qui est « folle », et que, bien sûr (elle l'a déjà dit), elle lui « pardonnera ». Souvenons-nous : elle a envisagé dans une lettre précédente de se trouver peut-être un nouvel amant, mais non pas un nouvel amour.

Nous pouvons le penser : l'amour passionné vécu par Mariana est un amour à la fois malheureux et fidèle. L'auteur des *Lettres* est plus qu'un grand écrivain novateur et subversif, il est un grand connaisseur de la passion d'amour, et l'un de ses meilleurs défenseurs. Pour lui, l'amour véritable est à la fois intense et permanent, source constante de déchirements et de félicités lorsqu'en est absente la réciprocité. Par cet écrivain *existentiel*, nous est offerte l'une des plus belles tentatives de réalisation d'un amour qui soit aussi parfait que son essence l'exige.

Comment ne pas évoquer le personnage racinien[15] de Bérénice ? Elle est une princesse juive vivant à Rome, et elle aime Titus qui l'aime en retour. Tous les lecteurs, tous les spectateurs sont à bon droit fascinés par la beauté musicale d'un texte qui sait dire un amour intense et fervent. Cet amour est partagé. Mais l'événement tragique est la répudiation de fait de Bérénice par Titus qui, pour des raisons politiques liées à son futur titre d'empereur, renvoie Bérénice vers la Judée. Les critiques se sont surtout intéressées au drame de la séparation forcée. Mais on n'a pas assez insisté, me semble-t-il, sur l'ultime décision de Bérénice : elle partira donc, mais refusera l'amour qu'Antiochus, un haut dignitaire de la cour de Titus, lui propose. Elle restera solitaire, exilée dans son propre pays, et ne vivant plus qu'avec le souvenir fidèle de son amant. Comme la religieuse portugaise, elle sera intérieurement fidèle à son amour au cœur même d'une séparation imposée par un amant carriériste. Peut-être s'agit-il du même renoncement fidèle, remarquable par l'intensité de l'amour et par son désintéressement.

Certes, chez Bérénice comme chez Mariana (ces princesses du cœur), cet amour se déploie dans la souffrance. Mais il atteste de la possibilité qu'un amour intégral, esthétique, spirituel et charnel, ne soit pas aboli par le départ de l'amant. Force est de reconnaître que cette victoire du véritable amour n'est pas celle de la joie et reste donc une victoire partielle, une victoire tragique gagnée contre le ressentiment. La « générosité », pour parler comme ces écrivains du XVIIe siècle que sont Descartes et Spinoza, est la marque du véritable amour, quand il sait renoncer sans haine. Elle est le signe de ce qu'on appelait « la grandeur d'âme » et que Racine voulait mettre en scène en produisant « *cette tristesse majestueuse qui fait tout le plaisir de la tragédie*[16] ». La magie musicale des mots ne doit pas faire oublier, chez Racine, l'audace et la perspicacité de sa doctrine de l'amour. Celui-ci est autant l'affaire du sujet solitaire que celle du couple. L'échec de l'amour heureux, chez Mariana Alcoforado ou chez Bérénice, n'est pas l'échec de l'amour en tant que tel, mais l'échec d'une rencontre. Et celle-ci n'a pas échoué comme telle, mais seulement par la volonté « politique » de l'amant masculin choisissant sa carrière et non son amour. On peut le dire, la tragédie qu'a illustrée Mariana Alcoforado ou celle dont Racine nous a entretenus sont des chants de louange à l'adresse de l'amour. Elles sont des illustrations de l'idée que l'échec de l'amour peut être dû à des raisons et des décisions extérieures à l'amour et non pas à son essence même.

Et les tentatives de la religieuse Mariana ou de la princesse Bérénice sont d'autant plus admirables qu'elles expriment un Désir plus intense et une admiration plus vive de l'amant frivole ou ambitieux. Mais ce que le témoin transhistorique admire, ce ne sont pas les vertus supposées des amants, ni même la vertu des amantes, mais l'intensité, la ferveur, le courage et l'audace de ces deux femmes aux conditions sociales si différentes. Racine et la religieuse nous parlent de l'amour même, et non pas de l'amour au

XVIIᵉ siècle. Ils nous parlent aussi de la femme, à la fois soumise et libre.

Dans un autre style écrit, certes, le XVIIᵉ siècle nous offrira, lui aussi, un exemple d'amour fervent déployé dans « une tristesse majestueuse », et cela en raison d'un choix profond et non en raison d'une essence de l'amour qui le vouerait nécessairement à l'échec. Il s'agit de *La Princesse de Clèves*, le roman écrit par Madame de La Fayette. On connaît l'essentiel de l'intrigue : une femme mariée de la noblesse s'éprend profondément d'un jeune duc et renonce à construire cet amour dans sa logique charnelle, et cela au nom de la fidélité due à un époux, durant sa vie et après sa mort.

Ce que le public retient couramment de ce récit est la victoire du « devoir » sur l'amour, cette victoire ayant pour prix une souffrance extrême et pour victime sacrifiée un amour sincère et fervent. C'est là, certes, une partie de ce que voulait dire l'auteur.

On peut aussi retenir un autre fait, enveloppé dans le précédent : pour qu'une amante (ou un amant) renonce à un amour bouleversant, il n'est pas toujours nécessaire que s'impose la force d'une volonté extérieure. Ici, nul empereur n'a imposé un exil, nul militaire n'a abandonné une jeune femme. L'héroïne, seule, a décidé de sa conduite et de la signification qu'elle donne à l'amour ancien et à l'amour récent. À la différence de nobles épouses médiévales, elle n'est émue ni par les louanges qu'elle reçoit de son amant[17], ni par l'admiration qu'elle-même éprouve parfois à son égard. Bérénice avait repoussé Antiochus par amour pour Titus, mais à la suite d'une décision de l'être aimé. De même, Mariana la religieuse exprime son amour, sa souffrance et sa fidélité intérieure seulement à la suite de la conduite du militaire français. La Princesse de Clèves, par contre, décide seule, sans y être contrainte, de son renoncement fidèle et du sacrifice de sa joie. Ce qu'elle met en évidence, mieux que ses deux compagnes intemporelles et moins que ses prédécesseurs mystiques, c'est son autonomie et la puissance de sa liberté. Elle est le sujet souverain qui décide seule des implications du grand amour. Je retiens plus, ici, l'enseignement de la liberté que l'hommage rendu au devoir.

Il serait dérisoire d'invoquer la « pression sociale » des sociologues, la « censure » du « surmoi » des analystes, ou les « lois » de l'économie des économistes. Ni l'opinion de la société, ni l'action de l'« inconscient », ni la recherche du profit n'auraient sens et efficacité si un sujet, un Désir comme sujet individuel, ne donnait pas lui-même un sens et un pouvoir à la « morale » ambiante. C'est la Princesse de Clèves elle-même qui donne un sens (son sens) à la morale du devoir, aux exigences du mariage et aux contraintes de la famille. Et ce sens, elle l'établit par sa conduite, c'est-à-dire par le double privilège qu'elle accorde à son amour totalement intériorisé et à sa liberté totalement souveraine.

Ce que sa belle tentative poursuit c'est la mise en évidence du pouvoir extrême de l'amour : il se déploie même lorsqu'en apparence il se nie. Et certes, il s'affirme ici face à la mort. Mais il prouve alors qu'il sait tout affronter, fût-ce la mort ou l'incompréhension.

Le roman de Madame de La Fayette se termine tragiquement (mais calmement) par la mort du mari (malade de s'être cru trompé), par la maladie de Madame de Clèves, rendue dépressive par sa propre décision de renoncer d'abord à l'amour du duc de Nemours et ensuite (après la mort du mari) au projet de l'épouser. Mais cette tragédie se déploie finalement dans la retraite d'une maison religieuse et dans la méditation.

Ce n'est pas là une simple fin édifiante. Le grand amour vécu n'a pas été purement et simplement condamné rétrospectivement comme une turpitude, un péché ou une chute. Seul l'engagement de fidélité à l'égard de l'époux est au premier plan du renoncement de la princesse.

Mais il faut souligner une autre motivation. Au cœur même de son combat intérieur, la princesse évoquait d'autres raisons que la fidélité conjugale pour s'opposer à l'amour du jeune duc : elle craignait les éventuelles et futures aventures d'un jeune époux apprécié à la Cour, et elle craignait l'extinction de l'amour que produit (disait-elle) le mariage. Elle n'avait pour son mari qu'une grande amitié.

Une lecture attentive révèle donc une tout autre signification que celle que l'on attribue couramment à ce roman : il n'est pas un pieux éloge à la gloire de la fidélité conjugale, ni le simple récit de la victoire du « devoir » sur le plaisir et l'amour. Il est en réalité une critique de l'institution du mariage et des devoirs qu'elle impose, ceux-ci menant à la maladie et à la mort.

La princesse a voulu exprimer et prendre le parti de sa passion véritable, celle qu'elle éprouvait non pour son mari, mais pour celui qu'elle croyait devoir refuser. Et elle décrit cette passion au plus près. On peut être surpris aujourd'hui de la profondeur et de la perspicacité de ses analyses ; mais c'est que nous sommes parfois gênés par notre propre culture contemporaine. En fait, c'est dans ce grand roman qu'on voit une description vive des conflits intérieurs de l'ambivalence, et non pas une simple référence érudite aux « concepts » de la psychanalyse. La princesse dit avec force la souffrance de vouloir et de ne pas vouloir, d'aimer et de haïr à la fois, de vivre ensemble le déchirement et la félicité. Car elle *sait* qu'elle aime, qu'elle est aimée et que c'est *elle qui décide* de sa conduite de refus. Madame de La Fayette nous parle mieux de l'amour sincère et spontané que Stendhal avec l'idée de « cristallisation », ou Freud avec l'idée d'« inconscient ».

La princesse ne décrit pas l'échec de l'amour : elle se dresse avec humilité contre les conséquences de l'institution du mariage qu'elle n'a pas encore l'intention de contester, et elle présente une défense de l'amour appuyée sur une expérience à la fois vive, lucide et généreuse. Les joies et les souffrances du sujet ne sauraient être que de son fait : voilà ce que dit ce grand écrivain qu'est Madame de La Fayette. Et la joie d'amour est la plus importante des affaires humaines.

Certes, l'héroïne termine sa vie dans une maison religieuse, comme l'autre héroïne, Mariana Alcoforado. Après les grands mouvements de la passion, ces femmes libres, qui ont fait de leur souffrance sacrifiée un immense éloge de l'amour (appelé par elles, parfois, « folie »), se retirent, non pas vraiment auprès d'un dieu évanescent, mais dans le « repos » éclairé de la méditation. C'était déjà son repos que la princesse voulait sauvegarder lorsqu'elle refusait les avances du duc de Nemours.

L'audace intelligente :
Vita Sackville-West et son cercle

Si le livre de Madame de La Fayette n'est pas, comme on le croit trop souvent, une simple défense du mariage mais aussi sa critique indirecte, il est intéressant de le rapprocher d'un autre livre (du xxe siècle, celui-là) qui prend ouvertement la défense du mariage (par son titre : *Portrait d'un mariage*) mais qui, par les nuances qu'il apporte, en constitue aussi la plus radicale des critiques. En effet, la vie des personnages réels de cette histoire est riche et bien éloquente : dans les années 1920, un couple de la noblesse britannique est marié et, chacun de son côté, l'homme et la femme, vit sa vie homosexuelle, elle, souvent en voyage, et lui, diplomate au Moyen-Orient, à Istanbul notamment.

Les grandes tentatives pour vivre, déployer et chanter le très grand amour ne concernent pas seulement les amants de sexe opposé. Elles concernent aussi des amants de même sexe, hommes ou femmes.

Dans cette perspective, les faits que rapporte le *Portrait d'un mariage* de Nigel Nicolson, éditeur de la *Correspondance* de Virginia Woolf, sont d'une étonnante richesse quant à l'audace et à l'invention. Dans son récit[18], l'auteur évoque longuement l'histoire de son père, Harold Nicolson, de sa mère, Vita Sackville-West, ainsi que celle de Violet Keppel, l'amante de Vita, les amants d'Harold étant simplement signalés. Vita était un écrivain célèbre en Angleterre autour des années 1910-1920 ; elle écrivit huit romans, dont un en français, et quatre pièces de théâtre. Harold était un diplomate de haut niveau, attaché un temps à l'ambassade britannique d'Istanbul. Ils voyageaient beaucoup, souvent séparés par la distance, elle vivant en Angleterre et lui résidant de longues périodes dans ses postes de fonction. Ils n'étaient pas étrangers au cercle des amis de Virginia Woolf.

Si Harold descendait d'une lignée de lords britanniques, Vita était la fille d'une danseuse qui fut célèbre elle aussi, et qui avait elle-même pour mère Pepita de Oliva (dont la légende familiale disait qu'elle était gitane ; c'est plutôt la mère de celle-ci, Catalina Ortega, qui avait de lointains ascendants gitans). C'est par la rencontre avec lord Lionel Sackville que la somptueuse Pepita fit entrer la famille dans l'aire britannique.

En utilisant le journal intime de sa mère, présenté comme une confession, et les lettres de ses parents, ainsi que leur correspondance respective avec leurs amants, Nigel Nicolson écrit un livre passionnant. En exprimant rigoureusement les sentiments des protagonistes, il montre que ce sont ses parents eux-mêmes, très conscients, qui témoignent à la fois de la réussite de leur mariage (qui dura cinquante années) et de l'intensité de leurs amours extérieures. Nigel Nicolson écrit dans sa préface :

« Ce livre est donc un panégyrique du mariage, même s'il décrit un mariage qui, pour avoir été incomplet, fut superficiellement raté. Ils n'atteignirent à ce compagnonnage idéal qu'après une longue lutte qui n'était pas encore terminée lorsqu'elle écrivit les derniers mots de sa confession, mais, une fois ce bonheur atteint, il se révéla inaltérable et dura leur vie entière[19]. »

Car il y eut des crises passagères de jalousie et des souffrances, certes surmontées mais vives.

L'absence d'une sexualité conjugale intense favorisa sans doute l'amour homosexuel de Vita et de Violet, mais la correspondance de Vita et d'Harold est la preuve évidente de leur amour sincère, commencé dans leur jeunesse (18 et 24 ans) et conduit jusqu'à la mort de Vita en 1962 et d'Harold (qui ne se remit jamais de la mort de son aimée) en 1968, au château de Sissing-Hurt (dans le Kent), après avoir écrit une quarantaine de livres.

Il faut noter que Vita et Violet étaient des amies d'enfance (12 et 10 ans) qui témoignèrent aussi, de leur côté, d'une longue fidélité. Nigel Nicolson est visiblement heureux de rendre justice et de louer aussi bien ses parents que l'amante de sa mère, Violet. Dans la correspondance des deux femmes, la tendresse et parfois, très rares, les reproches sont évidents. Vita est appelée Mytia, et Violet est appelée Luchka.

Toutes deux se vouaient passionnément à leur amour, tout en donnant à leur action une signification et une portée « politiques ». Elles savaient heurter violemment l'opinion et elles disaient annoncer un temps où l'homosexualité ferait partie des mœurs courantes.

Nigel, l'auteur de ce récit historique, n'hésite pas à citer aussi bien les lettres d'amour entre les deux femmes que les lettres d'amour entre Vita et son mari, Harold. On aperçoit alors fort bien que cette immense entreprise à quatre personnes (vivant souvent comme deux couples homosexuels séparés par la distance, mais respectueux l'un de l'autre) n'échappait pas à la souffrance. Mais les sentiments de jalousie sporadique ou de frustrations n'entraînaient jamais ni ressentiment, ni haine, ni volonté vengeresse, mais toujours compréhension et consentement. Et, on l'a vu, ce sur quoi insiste le fils, à propos de la vie de sa mère et de son père, est qu'ils ont vécu un mariage heureux. Il faut reconnaître l'immense liberté d'esprit et la générosité de ces parents : à la fois, ils donnèrent un père et une mère à un enfant, et, *par ailleurs*, ils déployèrent librement non pas seulement leur homosexualité, mais leur désir et leur puissance d'amour. Ils acceptaient les souffrances éventuelles et passagères, mais restaient fidèles simultanément à l'amour du conjoint et à l'amour de l'amante. Le fait que le mensonge des uns ou des autres n'était pas nécessaire et ne se produisait jamais fut un élément aussi important dans la réussite du mariage que les limites de la sexualité hétérosexuelle des conjoints. Ce qu'Harold, Vita et Violet ont voulu vivre et ont su sauvegarder, ce fut l'amour, quel qu'il soit, et la valeur de vie et de générosité qu'ils lui conféraient délibérément.

Il reste que le mariage réussi de Vita et d'Harold ainsi que l'amour intense de Vita et de Violet, librement accepté par Harold, se sont déployés dans un climat de tension constante et n'ont pas évité les souffrances et les récriminations, comme ils n'ont pas évité la réprobation par le plus grand nombre et son incompréhension. Le bonheur que ces trois êtres ont su construire dans leurs perspectives respectives est longtemps resté à la fois une jouissance interne et un combat externe. Combat victorieux contre la souffrance, mais combat non « décidable » contre l'opinion. On ne saurait tirer de ce fait un jugement négatif et pessimiste quant à la possibilité de la véritable et grande joie d'amour, puisque c'est au contraire la possibilité de cette joie, la possibilité même de cet amour que confirme et illustre lumineusement la belle histoire de Vita et de Violet, de Vita et d'Harold.

Mais on peut être encouragés par l'exemple surdéterminé de Ruysbroeck, des troubadours, de Mariana la religieuse, de Bérénice l'Orientale, de la Princesse de Clèves et de nos amants anglais. On peut être encouragés à s'interroger. En effet, puisqu'il est avéré par l'histoire et par la littérature que le véritable et grand amour est une réalité[20], une question peut être posée : n'existe-t-il pas une voie qui permettrait d'accéder à un tel amour sans être contraint de passer par les souffrances qu'on dit qu'il implique ?

Une autre théorie du sujet, du Désir et de la liberté

Si, dans les circonstances les plus courantes, l'amour est à la fois la valeur en fait fondamentale et la source constante de conflits et de souffrances, si les solutions habituellement adoptées ne sont qu'illusions et déplacements des problèmes, la question se pose de savoir s'il existe des solutions véritables.

Une autre perspective existentielle est donc à rechercher.

Mais, dans l'hypothèse où elle existerait, il faudrait aussi savoir si le sujet, homme ou femme, est en mesure de la mettre en œuvre. Avons-nous le pouvoir de réaliser une conversion, un changement de vie, une transformation de notre regard sur l'existence et sur l'amour ? Avons-nous le pouvoir d'inventer et de réaliser une existence qui soit l'accomplissement réussi de l'amour et de sa joie ?

Il n'est pas possible de répondre valablement à cette question si nous ne savons pas auparavant en quoi consiste un individu. Qui donc est porteur du désir d'amour et de la recherche du sens ? Quels sont ses pouvoirs ?

Pour éviter les affirmations dogmatiques et les conceptions arbitraires, je veux donc décrire ce que je pense être les structures d'une conscience. Je voudrais insister sur trois idées, c'est-à-dire trois faits étroitement liés.

Il faut s'aviser tout d'abord que tout individu, pauvre ou nanti, analphabète ou cultivé, est *déjà* un sujet. Non pas forcément maître de ses passions, rationnel dans ses actions et satisfait de son existence, mais forcément conscient de lui-même et de sa propre identité personnelle. L'individu est déjà un sujet, parce qu'il est toujours présent à lui-même comme étant lui-même.

Ce premier fait d'évidence rend immédiatement possible son corollaire : tout individu peut passer de la conscience quotidienne (je suis moi) à la réflexion, c'est-à-dire la conscience de second degré. Tout individu a donc la capacité de se situer dans une perspective de surplomb : il peut cesser d'agir et se mettre à « réfléchir ». Il peut décider de connaître, de se connaître, de s'informer, de se cultiver. C'est évidemment l'éducation qui lui donnera les premiers moyens de ce redoublement réflexif, mais c'est lui-même par lui-même qui accomplira ce travail réflexif de la formation de soi.

Le premier fait évident est donc celui-ci : tout individu est une conscience de soi, et tout individu peut passer à un second degré de conscience pour se distancier et réfléchir. Le pouvoir de s'arracher de l'action et de devenir soi-même dédoublement et réflexion, c'est-à-dire sujet explicite, sujet de second degré, est un pouvoir universel donné à tous. Il y a deux degrés de la conscience et c'est par le premier degré (chacun est déjà un sujet) que l'individu peut atteindre le second degré de la réflexion (chacun peut s'élever à la connaissance et travailler à l'instauration de sa propre souveraineté).

Ce premier fait en enveloppe immédiatement un deuxième : tout individu est *déjà* libre. Mais, ici aussi, il faut distinguer deux niveaux. Non pas par souci de symétrie mais par souci de conformité au réel.

Dans la vie quotidienne, active et « immédiate », le sujet conscient déploie des actions mathématiquement imprévisibles. L'action, la vie sont des arrachements constants au passé immédiat et des dépassements constants vers le futur immédiat. Et ce mouvement dynamique (dépasser son présent vers un but, proche ou lointain, encore inexistant) est contingent. Je pourrais choisir un autre itinéraire pour un voyage ou une promenade, une autre orientation pour une inscription en faculté ou pour une élection. Parce que je suis toujours conscient (mais non pas toujours réfléchi...), je puis choisir entre différentes voies ; en effet, je suis à distance de moi-même et ne suis donc pas enchaîné à mon passé (immédiat ou lointain). À mon premier degré de conscience correspond un premier degré de ma liberté.

Mais, bien entendu, j'ai pu faire un « mauvais » choix : itinéraire encombré, voyage décevant, orientation universitaire ou vote catastrophiques. La première liberté n'est pas forcément heureuse et indépendante. Tout individu est *déjà* sujet et *déjà* libre, certes, mais dans un déploiement de la vie qui peut être désastreux. Drogue et délinquance sont des choix libres et malencontreux, sources de souffrances.

Seule une liberté éclairée, c'est-à-dire de second niveau, sera en mesure de satisfaire pleinement le sujet dans son existence. Et cette seconde liberté sera instaurée par la réflexion approfondie, c'est-à-dire par le sujet souverain, la conscience de second niveau, la conscience réflexive. Conscience de second degré et liberté de second niveau sont un seul et même événement, un seul et même fait en réalité.

On fera l'objection du déterminisme. Mais celui-ci n'est qu'une interprétation de l'action *a posteriori*, qui invente les « causes » après avoir pris connaissance des « effets ». Or, ces événements sont des actions contingentes que ni les psychologues ni les sociologues, ni les économistes ni les historiens, n'ont jamais pu prévoir : les « prévisions » sont comme la chouette hégélienne qui s'éveille après la bataille.

La véritable question est celle du passage de la conscience libre de son premier niveau à son second niveau. Il s'agit du passage du sujet ordinaire, ballotté par les événements et « dépendant » (quoique libre) de « forces » extérieures dont il se fait le complice.

Cette question du passage met en évidence un troisième fait constituant l'individu : après la conscience (et son second degré), après la liberté (et son deuxième niveau) vient le Désir. Le sujet, quels que soient ses niveaux de réflexion et de liberté, est toujours *en même temps* Désir.

Je sais bien que si l'on évoque le désir aujourd'hui, le lecteur songe à la psychanalyse. On pense que les analystes, à la suite de Freud et Lacan, ont déjà dit l'essentiel sur le désir et l'inconscient. Certes, la domination de la pensée analytique est aujourd'hui vigoureusement et valablement combattue, mais le langage courant et les médias utilisent largement, à propos de l'affectivité, des termes psychanalytiques tels que « inconscient », « ambivalence », « non-dit », « pulsion » et « refoulement ». Le corpus freudien conserve son pouvoir de... « résistance ».

Si l'on est averti de cet écueil, il sera possible de prêter l'attention nécessaire à une description différente, souhaitant se référer à *toutes* les implications de l'expérience affective.

Le Désir n'est pas une force anonyme qui, en chacun, le pousserait par l'arrière vers l'obtention d'un orgasme. Le terme de « pulsion » ne rend pas compte des caractéristiques évidentes (à la réflexion) de l'expérience du désir.

Le Désir, en sa première forme non réfléchie, est un mouvement dynamique déployant par lui-même sa propre énergie (il y a une différence entre la marche dont on a l'initiative, et la montée dans un métro bondé lorsqu'on est... poussé par l'arrière, et cela sans l'avoir désiré). Le désir véritable est une initiative qui reprend une énergie physique interne pour lui donner un sens. Ainsi de l'appétit et du choix d'un menu.

C'est dire que le Désir a un sens. Ici, plus qu'ailleurs, je veux être attentif. Je ne dis pas le moins du monde, comme la psychanalyse, que nos actions ont un sens caché et que ce sens lui vient du désir sexuel et est constitué par le désir sexuel, celui-ci étant d'abord inconscient et simplement recherche d'orgasme. Nommer la sexualité (d'ailleurs « inconsciente » et *antérieure*) suffirait à éclairer l'action, et cela en lui assignant comme source (*vis a tergo*) une pulsion sexuelle. Ce faisant, on prononce deux absurdités : d'abord, toutes les actions, spécifiques et différentes, sont réduites à n'être que le réceptacle d'une seule et même signification, l'orgasme désiré, qu'il soit ou non atteint, qu'il soit réel ou symbolique. On supprime ainsi les spécificités individuelles, on ne sait pas distinguer le désir et l'ambition de Léonard de Vinci du désir et de l'angoisse (supposée) du petit Hans[1]. Chopin et John Wayne mettraient en œuvre (d'une façon ou d'une autre) un même désir, une même pulsion. Cet absurde réductionnisme n'a pas disparu de la culture contemporaine. Mais n'a pas disparu non plus la seconde absurdité : on affirme aussi que l'évocation de la sexualité et de ses transformations au sein de la famille (par « transfert », « condensation » ou « identification ») suffit à donner un *sens* à l'action. On ne voit pas que, bien au contraire, on ignore son sens, en fait. Car l'orgasme est un phénomène physiologique. Malgré le fait que la psychanalyse se proclame « psychologique » et se défend de toute « médicalisation », il reste que la seule poursuite du plaisir sexuel comme source de tout sens réduit la relation d'amour (et toutes les actions humaines) à n'être que la poursuite d'un spasme. Ce réductionnisme physiologique est certes voilé (« occulté ») dans les travaux psychanalytiques qui insistent surtout sur la complexité des relations d'amour. Mais comme la « pulsion » et la « libido » et le « Ça » sont toujours à l'arrière-plan de ces analyses, c'est bien finalement la recherche ou l'évitement du phénomène physiologique de l'orgasme qui sont censés livrer le sens ultime de l'action. Comme, au temps de Hegel, la pensée était identifiée parfois à « un os » (par la phrénologie), aujourd'hui, par la psychanalyse, la pensée et l'affect sont identifiés à un spasme.

Je dis au contraire que ce qui se passe dans le désir est différent. Ce n'est pas le sexe qui, habitant le désir, donnerait un sens à l'action, c'est l'action, et donc le sujet lui-même, qui donne un sens au désir.

Je dirai et j'écrirai désormais : Désir. Pour moi, le Désir n'est pas cette simple force physiologique qui, en visant une « détente » (terme freudien), conférerait sans qu'on le sache d'abord une signification à l'action (qui, dit-on, hors la visée de l'orgasme n'aurait pas de sens). C'est le contraire qui est la réalité : une action présente et désirante forge son propre sens par les buts qu'elle poursuit. Mais l'énergie de cette action est le Désir, le Désir poursuivant un but. Et c'est l'action elle-même (la peinture de Léonard de Vinci, le cinéma de John Wayne, la musique de Schubert) qui donne un sens au Désir. Ce que le Désir poursuit a du sens parce que Désir et action sont indissociables. Le Désir est l'énergie qualitative et le dynamisme de l'action, et l'action révèle son propre sens par ses propres buts, qu'ils soient clairs ou obscurs. Le Désir est l'énergie même de l'action, et celle-ci est le sens du Désir. Le sens, la signification du Désir n'est pas antérieure à l'action (auquel cas elle serait pauvrement orgastique), elle est contemporaine de l'action parce que celle-ci est l'action même du Désir. L'action et le Désir, ensemble, inventent le sens.

Cela signifie que le Désir est la conscience elle-même, la conscience en acte, et que c'est comme conscience (et non comme inconscient) que le Désir a un sens.

Plus précisément, il poursuit explicitement des buts. Ceux-ci peuvent être obscurs ou « contre-productifs », contradictoires et néfastes, ils n'en sont pas moins des buts. Le Désir est une conscience charnelle active qui est capable d'affirmer des concepts (les différents buts désirés) et, en outre, d'affirmer des *préférences* : le Désir pense et le Désir choisit. Je ne dis pas qu'il pense bien par lui-même, immédiatement, et qu'il choisit d'emblée intelligemment et souverainement. Nous savons au contraire, par les tourments fréquents de la vie amoureuse (dont j'ai parlé plus haut), que le Désir, souvent, choisit mal.

Ce sur quoi j'insiste n'est donc pas le moins du monde la pseudo-sagesse d'un Désir immédiat et « libéré ». Je veux insister sur le fait préalable et fondamental : le Désir n'est pas inconscient, il est personnel et conscient de lui-même à travers ses buts. Poursuivre une vengeance ou poursuivre le profit ne sont pas des actions réellement gratifiantes, elles ne sont pas désirables à mes yeux, elles sont vaines et sources de conflits. Certes. Mais elles sont des actions réelles. Et c'est le Désir, *conscient mais non avisé et réfléchi*, qui en est la source et qui s'exprime par elles.

Je veux maintenant souligner l'essentiel : le Désir est l'activité même de la conscience. Elle commence souvent par être confuse et erronée, mais c'est parce qu'il est une conscience que le Désir pourra agir sur lui-même. Le Désir, c'est-à-dire la conscience de tout un chacun, ne pourra *effectuer le passage* de la vie spontanée et maladroite à la vie souveraine et réfléchie que parce qu'il est *déjà* une conscience capable de se dédoubler, et parce qu'il est donc *déjà* libre dans sa spontanéité obscure.

Les amants malheureux ne pourront se « reprendre » (se retrouver et devenir maîtres d'eux-mêmes et de leur amour) que parce que leur affectivité, leurs Désirs, leurs désirs sont déjà les actes libres d'une conscience.

C'est donc par sa propre nature de conscience libre (d'un premier degré) que le sujet pourra transformer son affectivité malheureuse, angoissée ou agressive, en une affectivité heureuse et accomplie.

Encore faut-il que le sujet en ait le Désir.

C'est le Désir de l'*accomplissement*, comme Désir éclairé, qui pourra éventuellement devenir le moteur, la raison, la motivation d'un changement radical dans les perspectives et les contenus du Désir. Pour que ce Désir d'accomplissement ait un sens, une signification concrète, et pour qu'il soit possible de l'envisager et de les réaliser, nous devons évoquer un dernier aspect du Désir, important et nié dans la culture analytique.

Cet aspect concerne la problématique du manque.

La culture dominante a longtemps pensé que le manque était la structure fondamentale du désir (j'écris « désir » lorsqu'il s'agit d'autres conceptions que la mienne). Depuis Schopenhauer et Freud, et avec Sartre et Lacan, on pense que le désir, étant manque par essence, ne saurait jamais être comblé. Sans le reconnaître, on rejoint le bouddhisme traditionnel qui fait du désir insatiable la source de tous nos malheurs. C'est ainsi que, se situant dans la perspective sartrienne, Lacan soutient que l'être humain est « manque à être ». On se souvient que Sartre évoquait une « passion inutile » pour désigner la condition humaine qui, inlassablement, poursuit ardemment un idéal impossible en soi, devenir Dieu, devenir l'Être.

Un regard plus patient et plus perspicace nous convaincra du contraire : le Désir est un mouvement du manque vers une satisfaction accessible. Le manque n'est pas un trou, un vide ou un gouffre, il est le mouvement même du désir se saisissant comme un manque provisoire et qualifié qui aspire activement à son propre dépassement et sait qu'il y est déjà parvenu et y parviendra de nouveau. Ce dépassement du manque est le plaisir.

Ce plaisir est une complétude, chair et esprit, et peut devenir, selon les buts et les « manques », satisfaction, joie, contentement. Le renouvellement du désir après une satisfaction qui le comble n'est pas un malheur ou une malédiction (comme le croit Schopenhauer), mais le signe de la vitalité du sujet, le signe que, attaché à la vie, il désire en connaître encore et encore les plaisirs et les joies. Ce désir peut d'ailleurs s'enrichir au cours du temps et poursuivre des « objets » de plus en plus significatifs, de plus en plus adéquats et « gratifiants ». La complétude visée peut être de plus en plus riche et nuancée, vive et intense, jusqu'à l'accès à l'expérience substantielle de la plénitude.

Pour le dire plus brièvement, on doit d'abord reconnaître que, *par essence*, le Désir poursuit le bonheur. Qu'il s'agisse des bonheurs et des joies les plus simples et les plus quotidiennes, ou bien d'un bonheur plus élaboré (dont nous développerons d'ailleurs plus loin l'un des contenus privilégiés qui est la joie d'amour), toujours est-il que le désir est en réalité Désir, c'est-à-dire le mouvement de recherche d'une complétude aussi intense que solide et significative. C'est cette complétude que j'appelle bonheur et accomplissement.

C'est cet accomplissement, ce dépassement du manque par l'expérience substantielle et active du bonheur, qui est à l'horizon de tout Désir.

Certes, ce mouvement peut n'être saisi par le sujet que d'une manière d'abord obscure et incomplète. Mais c'est ce mouvement avec, à son horizon, la conscience heureuse et accomplie, qui peut devenir le moteur et la motivation d'un changement radical du Désir, c'est-à-dire de la personnalité. Seule l'affectivité peut transformer l'affectivité.

Et, le plus souvent, c'est dans la souffrance à son apogée, c'est-à-dire dans la crise, que le sujet peut commencer à se convaincre qu'il devient indispensable de passer de la spontanéité insatisfaite ou malheureuse à un second stade de la conscience et de la liberté, à un niveau second du Désir.

Ce passage est possible en vertu même de la nature de la conscience : présente à elle-même, elle peut se dédoubler et donc s'arracher du présent ; constituée comme Désir, elle peut en s'arrachant viser un avenir qui serait à la fois source de joie et source de sens, c'est-à-dire accomplissement.

Ainsi donc, par sa propre nature de libre Désir, la conscience est capable à la fois de vivre un nouveau *grand Désir* et de rechercher sérieusement l'instrument de son renouvellement, l'outil de sa transformation. Ils seront le moyen de sa propre réalisation et c'est par elle-même qu'elle mettra en œuvre le fondement de son futur accomplissement.

L'exaspération et la conversion

J'ai évoqué rapidement quelques-unes des souffrances qui, dans le cadre du mariage monogame, surgissent à l'occasion de la conduite du partenaire, qu'il s'agisse de son éloignement sexuel ou affectif ou de son rapport à un tiers. Dans tous ces cas, la morale du devoir produit l'angoisse de l'humiliation ou du délaissement.

Ces souffrances peuvent être vécues comme des tensions ou des déchirements qui s'accumulent et peuvent donc atteindre un degré d'intensité intolérable. On est alors en présence d'une *crise*. Le sujet n'accepte plus sa souffrance devenue extrême et naît en lui le sentiment de l'excès en effet intolérable. Au fil du temps, son jugement sur sa souffrance et sur ce qu'est à ses yeux la situation évolue, se transforme par sa propre action et passe du consentement à la révolte.

Celle-ci est en fait la conscience redoublée de son consentement comme étant sa propre liberté, mais bridée par elle-même. « Trop, c'est trop » signifie un coup d'arrêt donné par le sujet à sa propre souffrance considérée comme passive. Cette révolte affective est en même temps la conscience du fait que l'extrême de l'humiliation ou du délaissement, l'extrême de la délectation jalouse ou haineuse ne pouvaient que conduire à la mort s'il n'y était mis fin.

Ainsi la crise n'est pas, en amour, un moment de stagnation et de ralentissement, comme dans le domaine de l'économie. Dans le domaine de l'affectivité, la crise est au contraire l'exacerbation des « affects », c'est-à-dire l'accès par le sujet lui-même et ses exigences à un niveau de souffrance si intense qu'il est vécu comme une menace de mort. L'exacerbation (le passage à la limite proche du point de contradiction qui entraîne l'éclatement et la destruction) devient ainsi exaspération (colère de la libre révolte qui décide que la souffrance a atteint la limite du tolérable).

Ce mouvement de la révolte contre une situation et une souffrance désormais saisies comme inacceptables n'est pas un mouvement d'humeur. Il n'est pas le déploiement mécanique de causes impersonnelles ou inconscientes. L'exaspération en situation de crise est un acte du sujet. Cet acte est simultanément un jugement, un désir, un arrachement et une invention. Il est « radical » parce qu'il est le fait du Désir le plus profond du sujet, mais il est « éclairé » parce qu'il pose lui-même les motifs et les raisons de la nouvelle rupture qu'il est en train d'accomplir.

Cet acte de la conscience, exprimant sa propre activité au cœur d'une crise décisive, est si riche de significations et de conséquences que le terme de révolte n'est plus en mesure de le désigner valablement. Je parlerai donc de conversion. Il ne s'agit pas, bien entendu, de conversion religieuse. Elle est un acte à la fois réfléchi et affectif, opéré par le sujet dans ce monde-ci et destiné à préparer une nouvelle vie dans ce monde-ci.

La conversion comme rupture

Avant de dire ce que la conversion est en mesure de proposer quant au déploiement de l'amour au-delà des crises, disons rapidement en quoi elle consiste.

Tout d'abord elle est une rupture brusque et une élaboration. Le sujet souffrant qui a éprouvé l'exaspération de la crise et son refus est le même sujet actif, le même sujet qui décide brusquement de « changer la donne », c'est-à-dire la situation et ses déchirements, son propre amour et ses exigences. L'acte est d'abord une décision brusque. C'est donc forcément une décision de la liberté, c'est cela qui constitue un acte. La conversion est donc une rupture.

La langue est à la fois riche et pauvre. Riche parce que, ici, le terme désigne à la fois une césure dans le développement de la personnalité du sujet et une cessation du contenu de la relation avec l'être aimé tel qu'il était auparavant. Rupture veut dire séparation, dans deux sens : séparation de deux périodes affectives au cœur du sujet, et séparation (au moins spirituelle) des protagonistes de la situation douloureuse.

Ce premier aspect de la conversion, c'est-à-dire la rupture interne et externe, est possible en raison même du fait de la liberté. Celle-ci est un fait. Car il n'y aurait eu ni souffrance ni amour s'il n'y avait eu deux sujets libres. Et la conversion, souhaitant l'instauration d'une nouvelle vie, ne pourrait pas même songer à instaurer une liberté neuve si elle n'était déjà elle-même une liberté. Souffrance, humiliation, délaissement ne peuvent être vécus que par un être libre, fût-il malheureux ; de même, révolte, exaspération et rupture ne peuvent être accomplies que par un être libre et actif. C'est la liberté, fondement de tout affect, qui rend possible et la dépendance et la libération, et la souffrance et la joie.

Mais la rupture, comme acte libre, n'est pas un acte arbitraire. La conversion est au contraire un acte réfléchi, acte qui s'étend sur un certain temps. La conversion-rupture est en effet son propre fruit, comme résultat d'une élaboration intellectuelle. Celle-ci peut être lente et progressive : son acmé sera la rupture. Avant de prendre sa décision radicale de « changement », le sujet a examiné les tenants et les aboutissants, non pas dans l'illusion d'une objectivité rationnelle et impersonnelle, mais dans la perspective de son propre Désir et pour l'accomplissement ultérieur de son propre Désir. Celui-ci inclut, dans le temps même de la réflexion et de l'élaboration de l'action, la référence aux êtres aimés, présents de longue date ou récemment surgis.

La conversion (à la fois affective et intellectuelle) est donc simultanément lente élaboration et rupture brusque. Elle est un commencement réel et actuel, en même temps qu'elle se propose d'instaurer un recommencement. La conversion, acte éclairé de l'exaspération, veut être non pas la simple révolte affective d'un moment, ou la simple négation destructrice de toutes les normes et de tous les codes, elle veut préparer et instaurer une nouvelle forme de vie qui sera donc un authentique recommencement existentiel. Chemin faisant, elle remplacera l'éthique du devoir (dont en somme j'ai parlé longuement) par l'éthique de la joie, dont je parlerai dans le prochain chapitre.

La conversion
comme retournement et renversement

Rupture et élaboration, la conversion est aussi « retournement ».

Elle est le retournement (et non pas seulement le changement) de toutes les habitudes de pensée et de toutes les attitudes affectives et relationnelles.

C'est ainsi que, par un acte du Désir réfléchi et excédé, le sujet renverse l'idée que ses souffrances viendraient exclusivement du monde et comprend qu'elles viennent de lui-même. C'est son propre amour, avec la conception qu'il s'en fait, qui donne à une situation nouvellement ternaire le sens de l'humiliation ou de la trahison. Les significations et les valeurs ne sont pas des « choses » ni des « mots » qui viendraient de l'extérieur ou du « langage ». Elles proviennent du regard du sujet, c'est-à-dire du sens qu'il attribue à des événements extérieurs. Et ce sens provient de son propre Désir (l'autre n'est un « traître » que s'il est d'abord aimé et désiré), de ses propres exigences (c'est son désir d'exclusivité qui rend scandaleuses les « aventures » de l'autre et le constitue comme traître et parjure). Cette découverte de sa propre activité peut d'abord conférer au sujet une certaine sérénité, puis l'ouvrir à la prise de conscience de son propre pouvoir créateur, quels que soient les domaines de sa création : « affective », « morale » ou « politique ». Il y a là, en effet, un véritable renversement, une réelle inversion de la direction du flux des significations : il ne provient pas du monde pour *aller vers* le sujet et s'imposer à lui, il provient du sujet pour aller vers le monde et agir sur lui en lui donnant un sens (positif ou négatif) et des « potentialités ». Par exemple, c'est la *demande* d'emploi des citoyens inactifs qui transforme et anime les statistiques en distinguant des « salariés » et des « chômeurs ». La situation de chômage est douloureuse et injuste : j'y insiste. Mais c'est le regard, les interprétations, les exigences légitimes des citoyens sans emploi qui donnent à la situation la signification de chômage. Et, découvrant l'importance de l'interprétation, les sujets (chômeurs, dans l'exemple) peuvent redécouvrir leur pouvoir et ouvrir l'action sur des potentialités d'avenir. En outre, s'il est évident que le « chômage » découle et du capitalisme et de la politique des dirigeants, il devient également clair que la prise de conscience de l'activité de *tous* les sujets (le « marché » et les politiques) est responsable de la situation : ce sont eux aussi qui *définissent* le crédit, l'emploi, le chômage, les licenciements. Tous ces événements et ces situations sont l'œuvre des individus (assemblés ou adversaires) puisque ce sont eux qui définissent et la « matérialité » des faits, et leur signification « morale » et « politique » (juste ou injuste, scandaleuse ou rationnelle). Si j'ai insisté sur le chômage, c'est en raison de sa clarté comme exemple « pédagogique » (pour parler comme les journalistes). Il peut en effet éclairer les problématiques de la vie affective et les difficultés de l'amour.

Je ne dis pas (en parlant de la conversion) que la jalousie, la trahison, le délaissement, l'abandon ou l'indifférence sont de purs fantasmes ou de pures affirmations moralisatrices sans contenu objectif et sans importance : j'ai assez souligné la gravité des souffrances vécues et le désir de mort pour que ce malentendu soit évité.

Mais je dis que l'indispensable conversion fait comprendre que, sur la base d'événements réels (la froideur sexuelle, l'arrivée d'un nouveau venu, le départ de l'être aimé), c'est le sujet lui-même et non l'événement qui donne à cet événement sa signification de « trahison », d'« agression » ou d'« abandon ». Et ces significations, qui sont des souffrances en même temps que des condamnations, proviennent toutes de deux sources : d'abord de l'amour éprouvé par le sujet envers son partenaire, ensuite des exigences du sujet à l'égard du partenaire, exigences présentées au nom de cet amour. L'amour « captatif » n'est ni une pulsion ni une énergie chimique, il est l'acte par lequel un sujet donne à son amour la *signification* d'un combat, d'une victoire et d'un privilège de possédant attitré.

Il y a dans cette attitude une sorte de doctrine implicite, une idéologie si l'on veut, ou une « culture ». L'idée, par exemple, selon laquelle l'épouse doit être vierge au moment du mariage (comme dans l'islam ou l'ancien monde chrétien) fait partie de cette idéologie captatrice ou possessive. Que cette doctrine ou toute autre idéologie de l'amour ait une portée et un ancrage politiques, je ne le conteste évidemment pas. Mais je souligne ce qui ne retient pas l'attention des sociologues et des historiens : *tout* phénomène de culture (fût-ce l'illettrisme) provient des activités individuelles et exprime ou l'invention ou le consentement à l'égard des problèmes concrets de l'action. Songeons à notre exemple du chômage. Songeons aussi à tous ces sociologues laissés plus ou moins dans l'ombre et qui, à la suite de Gabriel Tarde, s'efforcent de mettre en lumière l'action des individus dans l'histoire, la culture et la société.

Mais cette référence à l'histoire des structures sociales ne suffit pas pour décrire et comprendre l'activité même des individus. Or, la question est fondamentale puisqu'il s'agit en somme de la liberté de ces individus. Et cette question de la liberté est particulièrement décisive dans cette réalité individuelle et sociale qui nous occupe ici et qui est l'amour.

Le rôle de la conversion est précisément de nous faire prendre conscience (à un second degré, celui de la réflexion, surplombant la simple réflexivité quotidienne) de notre propre liberté. Et cette conscience réfléchie redécouvre sa propre liberté en se tournant vers elle-même et en éclairant *d'abord* non pas seulement un pouvoir arbitraire et volontaire de décider une attitude, un choix, une action, mais encore un pouvoir de créer des attitudes, des significations et des actions. La conversion révèle que le sujet est une puissance créatrice de sens. Elle ne crée pas seulement le sens des mots et des concepts, le sens des signes et des symboles (plan intellectuel, « cognitif »), elle crée aussi et surtout la « signification », la portée « morale » et « sociale » des situations dans lesquelles et par lesquelles elle exprime son activité et déploie donc son Désir.

Car le Désir aussi, comme affectivité dynamique et orientée, déploie des significations concrètes et des jugements. Quand je dis que le sujet est actif et créateur de sens, je veux dire en même temps que c'est comme Désir-sujet que l'individu déploie ses inventions affectives, ses idées et ses exigences.

Le pouvoir d'invention

Pourquoi tant insister sur cette liberté d'invention et de création de sens, avant de proposer des choix concrets et des décisions pratiques ?

C'est que la certitude sur le pouvoir d'inventer du sens (dans les affects, les attitudes et les valeurs) est un préalable indispensable à l'invention et à la proposition d'une nouvelle éthique, c'est-à-dire de nouvelles valeurs et de nouvelles attitudes. L'affaire est assez grave pour que nous allions lentement.

La conversion a pour but de préparer un autre avenir. Encore faut-il que le sujet dispose de ce pouvoir d'inventer et de réinventer l'avenir. Il faut être assuré que le sujet est *déjà* libre, avant de proposer une nouvelle attitude existentielle : c'est ce sujet, ce Désir-sujet qui aura à la mettre en œuvre.

La conversion est précisément le travail par lequel le sujet redécouvre en lui-même son propre pouvoir de création, pouvoir qu'il a *déjà* exercé dans le déploiement malheureux de son amour et de ses souffrances. C'est parce qu'il *était* déjà libre, à un premier niveau, spontané et irréfléchi, dans la création de la situation conflictuelle et dans l'adoption simultanée des attitudes d'exigence, de souffrance et de condamnation, que le sujet *aura* le pouvoir de créer *d'autres* significations, d'autres valeurs et d'autres attentes. Il sera passé à un second niveau, celui de la réflexion.

Alors il lui sera possible de concevoir puis d'instaurer une nouvelle éthique qui serait génératrice non de souffrance mais de joie.

La conversion réciproque à la réciprocité

Le renversement opéré par la conversion n'est pas seulement celui qui découvre l'origine du sens dans le sujet intérieur et non dans l'objet extérieur. Il est aussi celui qui découvre en l'autre non pas un objet mais, au contraire, un sujet.

La conversion découvre alors la *réciprocité*. Il s'agit d'une réalité beaucoup plus importante et plus décisive que toute « morale », en ceci qu'elle est le fondement réel de tous les rapports de liberté, de toutes les relations véritablement éthiques. Essayons de la saisir de plus près en éclairant ce qu'est ce second aspect de la conversion.

Ordinairement, dans la forme la plus fréquente et la plus immédiate de la vie quotidienne, les relations sont déployées sous le signe de la réversibilité. En raison de sa structure réflexive en miroir (la conscience de soi est un léger dédoublement de soi perçu par soi-même), l'individu est capable de saisir l'autre individu comme un autre lui-même. Le corps humain et son visage, saisis là-bas dans l'espace, sont un être humain comme moi-même. Cette saisie est comme une perception en miroir.

Mais la conscience que l'autre est aussi un être humain, comme moi, est enveloppée, impliquée dans une relation pratique et affective concrète. Coopération ou concurrence dans la profession ; camaraderie, amitié ou amour dans la vie affective ; distinction de l'« ami » et de l'« ennemi » en politique ; toutes ces relations vivantes sont déployées selon une dialectique de miroirs. Dans la vie quotidienne, immédiate et non réfléchie, les sentiments et les actions, spontanément, sont déployés comme des séries initiative-réponse, la réponse étant l'image inversée de l'initiative de l'autre. Le sujet concret « répondra » souvent à l'ouverture par l'ouverture et à l'agression par l'agression. Il agit « comme » l'autre, mais en sens inverse. Aux coups reçus, il répond par des coups donnés, à l'offre d'amitié, il répond souvent par l'offre identique de l'amitié, celle-ci allant du sujet vers l'autre, après être née de l'autre vers le sujet.

Par commodité verbale, j'appelle *réversibilité* ce phénomène actif, cet échange inversé de paroles, de conduites, de sentiments équivalents mais inverses. Dans la vie quotidienne, trop souvent on répond à l'amitié par l'amitié, à la haine par la haine et à la violence par la violence. On connaît bien ce phénomène. On l'évoque souvent en croyant qu'on le comprend et qu'on le justifie par le simple fait de le nommer. On croit ainsi évoquer un fait « naturel », une donnée de fait qui n'appelle aucune élucidation particulière, mais seulement un encouragement (« si l'on vous agresse, défendez-vous »), ou une condamnation (« ne répondez jamais à la violence par la violence, à la haine par la haine »).

Mais si l'on n'a pas élucidé la réversibilité spontanée, comment pourrait-on conseiller de la dépasser, ou de l'approfondir ? Sur quels motifs, avec quels moyens ?

C'est en soulignant que la possibilité de la réversibilité découle de la nature même de la conscience individuelle comme dédoublement, projection et liberté (comme possibilité du miroir, chez un être libre) qu'on pourra imaginer son dépassement ou son approfondissement : c'est par la liberté même du miroir (sa conscience intelligente) que ce miroir (le sujet, Désir-sujet) sera en mesure de redoubler cette dialectique et de la penser explicitement, d'en « prendre conscience » pour enfin la condamner ou l'approfondir.

Or on dit souvent, sans développer clairement les raisons et le motif, que les réponses symétriques entraînent des « cycles » sans fin : cycle de la violence vengeresse ou cycle de la bienveillance contagieuse. C'est en disant les raisons de ce phénomène, son sens et sa source qu'on pourra agir sur lui, le combattre ou l'enrichir.

Il provient de la nature même des sujets : la conscience-miroir (qui est aussi, ne l'oublions pas, Désir et Désir-sujet) est en même temps amour de soi. Celui-ci comme désir de plénitude cherche sa propre affirmation. Or il est miroir : il considérera spontanément (par sa propre insuffisance) que l'autre, par son attitude, dénie ou confirme l'existence même du sujet.

Nous comprenons mieux, maintenant, les souffrances de l'amour : elles résultent des mises en questions de l'existence et de la valeur du sujet par un sujet qui est un autre moi-même. Ce que la psychanalyse (avec une pointe de mépris se faisant passer pour une froide objectivité) appelle « narcissisme » n'est donc pas un phénomène de pulsions, un résultat mécanique du « refoulement » ou du défoulement opérés par une instance impersonnelle et inaccessible qui serait l'« inconscient ». Le phénomène de la réversibilité, partout présent, y compris dans la vie érotique (pénis et castration, identification et agressivité pour les analystes), est donc un phénomène de conscience : un acte de la conscience, fût-ce dans l'amour ou la haine de soi, fût-ce dans l'amour ou la haine de l'autre.

Ce n'est pas par goût de la polémique que j'évoque la psychanalyse. C'est pour souligner le fait qu'une conception finalement mécaniste de la conscience ne saurait être en mesure, par ses seuls moyens théoriques, de « faire advenir le sujet », c'est-à-dire de résoudre le problème de la souffrance amoureuse et donc de la *signification* des affects. Il ne suffit pas de dire que le sens des actes est le désir, puisqu'une pulsion ne donne aucun sens. Au contraire, en reconnaissant que, dans toute activité, et dans l'amour notamment, les contenus affectifs sont des actes et que ces actes sont ceux de consciences libres agissant en miroir pour accomplir leurs désirs, en reconnaissant cette réalité, on se rend capable d'intervenir.

C'est seulement si la haine et le conflit sont des phénomènes issus de la libre réversibilité des actes (et des sujets) qu'il est possible d'envisager une solution à ces désastres affectifs que produit trop souvent la libre spontanéité des sujets. C'est parce que les dialectiques en miroir sont le fait de consciences (conscientes d'elles-mêmes dans leur propre présence) que ces consciences pourront instaurer un autre régime de vie, et cela par leur liberté. Par cette liberté même qui, en miroir, a donné tel ou tel sens à la conduite de l'autre.

Ce que peut faire d'abord la liberté, ici, c'est d'opérer sa conversion. Plus précisément : de poursuivre son mouvement de conversion par ce deuxième moment qui va consister à *renverser la réversibilité pour instaurer la réciprocité*.

Elle est le fondement et le sens de ce que le langage quotidien appelle le *respect*. Mais elle est plus précise que celui-ci car elle implique deux mouvements équivalents de sens inverse. Dans la réciprocité, chacun respecte et est respecté.

Mais, à la différence de la réversibilité (violente ou juridique ou affective), la réciprocité ne résulte d'aucun calcul, elle n'évalue pas ce qui est donné et ce qui est reçu, elle donne et elle reçoit dans le même mouvement. En outre, dans la conversion, la réciprocité véritable comporte des significations qu'il est possible de nommer et de distinguer.

Elle est en effet une nouvelle affirmation de l'autre comme sujet. Elle est la reconnaissance de l'autre. Tous en parlent aujourd'hui, mais peu l'analysent. Cette reconnaissance prend acte, en l'autre, de plusieurs réalités : il est un sujet universel, « comme un autre », et porteur à ce titre de conscience, d'identité et de liberté. Il faudra nous en souvenir lorsque nous appliquerons la conversion à la question de l'amour.

Sujet universel, l'autre est aussi un sujet singulier. Il est une personnalité unique, c'est-à-dire un Désir (un déploiement du Désir) unique et incomparable. C'est ce que la reconnaissance reconnaîtra dans et par la réciprocité à instaurer. L'autre, comme liberté et comme singularité, est par le fait même porteur de valeur. On réduit trop souvent la reconnaissance à l'affirmation explicite et consentie de cette valeur de l'autre, que cette valeur s'exprime dans l'ordre de la création, de l'action ou de la pensée. Or, elle n'est pas exclusive des autres dimensions de la conscience qui forment l'être qui est reconnu : il est certes « reconnu » dans sa valeur et son rôle, mais il est en même temps reconnu comme sujet libre d'une part, et comme Désir singulier d'autre part.

Parce qu'elle n'est pas calcul d'équivalence, comme la réversibilité, mais mouvement désintéressé quoique existentiel, la réciprocité décidée ensemble par la conversion peut être paradoxalement dissymétrique : l'affirmation du malade par le bien portant, ou de l'enfant par les parents, n'a pas le même contenu que l'affirmation inverse du bien portant par le malade, ou des parents par l'enfant. Les contenus sont différents mais le sens est le même : affirmation croisée de l'autre et de soi-même comme sujets personnels, libres et « reliés », porteurs de valeur. Chacun peut attendre de l'autre et donner à l'autre des choses différentes de celles qui sont attendues et reçues par l'autre, tout en se situant dans une relation effectivement réciproque et désintéressée.

La conversion à la réciprocité devrait bien entendu être réciproque, c'est-à-dire commune. Mais le fait qu'il y ait ou non simultanéité est moins important que l'instauration, à un moment ou à un autre, d'une réciprocité véritable, c'est-à-dire commune et « partagée ».

Quoi qu'il en soit, la reconnaissance et l'affirmation de la pleine existence de l'autre sont un *acte*. Il va plus loin que la simple réversibilité quotidienne. Il est « volontaire », « drastique », à la fois mûrement réfléchi et décidé brusquement, « à neuf ».

La jouissance du monde

Nous aurons à voir les conséquences de cette réciprocité réfléchie dans la relation d'amour, et à dire en quoi c'est elle qui est la plus grande source de joie. Mais, auparavant, il faut évoquer le troisième aspect de la conversion, le troisième renversement qui, avec les deux précédents, rendra possible et substantielle la joie d'amour.

Ce troisième renversement d'attitude est le passage du « pessimisme » à l'« optimisme » dans le déploiement de l'existence, dans la signification accordée à la condition humaine, et par conséquent dans les contenus de l'action et les valeurs dignes d'être poursuivies.

Il y a d'abord, dans ce renversement de l'attitude à l'égard du sens de la vie, une mise en question de la religion, une mise en question de la soumission de l'action humaine à une puissance transcendante représentée par une prêtrise et par des rites.

Certes, on peut dater d'Épicure la naissance de cette mise en question de la religion. Mais c'est avec Spinoza et son athéisme « masqué » ou « poli » (selon les commentateurs) que ce mouvement se donne des fondements systématiques, à la fois ontologiques, logiques, psychologiques et existentiels. Que Spinoza ait été « excommunié », c'est-à-dire violemment chassé hors de sa communauté religieuse, et reconnu comme athée par tous au XVIIe siècle, et comme source occulte de tout le mouvement des Lumières au XVIIIe siècle et au XIXe siècle, ces faits ne sauraient être indifférents. Ils désignent en somme, dans l'œuvre de Spinoza, une conversion radicale des esprits et des vies, conversion qui vaut exactement comme révolution : comme renversement, inversion des doctrines, des valeurs et des modes de vie.

Et c'est contre l'humilité et la mésestime de soi, contre toutes les « passions » qui sont des formes de la Tristesse (comme la jalousie ou la haine), que s'élève Spinoza. Il combat l'idéologie qui fait de la souffrance une valeur : « Et seule, en fait, une superstition farouche et triste peut interdire qu'on se réjouisse [...]. Tel est mon principe et telle ma conviction. Aucune divinité, nul autre qu'un envieux ne se réjouit de mon impuissance et de ma peine et nul autre ne tient pour vertu nos larmes, nos sanglots, notre peur, et toutes ces manifestations qui sont le signe d'une impuissance de l'âme[1]... »

Pour Spinoza, on le sait, il n'existe pas de « faculté de vouloir », mais c'est par tout son esprit et tout son désir que l'individu, devenu sage et « homme libre », accroîtra sa « puissance de l'âme », c'est-à-dire sa puissance de vivre, sa « perfection » et sa joie.

En fait, la doctrine eudémoniste de Spinoza (car c'est bien de bonheur qu'il s'agit ici) marque une rupture dans la culture européenne. Et cette rupture culturelle, entre une époque où domine la contrainte morale du désir et une époque où domine la difficile recherche de la liberté, est comme l'écho de la rupture interne qui, dans l'éthique de Spinoza, oppose la vie passive et inadéquate, douloureuse et serve, et la vie active autonome et joyeuse de l'homme libre. Cette rupture (par la réflexion et la connaissance), dans l'itinéraire que constitue l'*Éthique*, est une véritable conversion, un renversement existentiel du désir, cette « essence de l'homme ». Spinoza écrit : « [...] nous ne nous efforçons pas vers quelque objet, nous ne le voulons, ne le poursuivons ni ne le désirons pas parce que nous jugeons qu'il est un bien, mais au contraire nous ne jugeons qu'un objet est un bien que parce que nous nous efforçons vers lui, parce que nous le voulons, le poursuivons et le désirons[2]. » C'est le désir, c'est-à-dire le désir de vivre et d'être dans la joie qui anime l'œuvre entière de Spinoza, et c'est cette recherche de la félicité qui, au-delà même de Spinoza, devrait inspirer le sujet qui, poursuivant le bonheur en amour et dans l'existence, entreprend d'abord la conversion de toutes ses pensées et de toutes ses attitudes.

Pour le dire en langage simplifié, il est indispensable que le sujet ait d'abord renversé toutes ses perspectives doloristes, tout le culte de la souffrance, de la privation et de l'humiliation pour que, ensuite, il soit en mesure d'instaurer avec l'être aimé des relations d'amour véritable et de plénitude active.

Par ce dernier moment de la conversion, le sujet comprend que l'existence humaine n'a pas pour vocation la souffrance et le conflit, mais au contraire la joie de vivre et le bonheur d'aimer.

Autonomie, réciprocité, jouissance

Ainsi le sujet, exaspéré par la « pression » constante de la souffrance et de la destruction aussi bien que par l'absurdité d'une existence qui serait devenue évanescente au travers ou à cause de ses fulgurations, a décidé de prendre enfin son sort entre ses mains et de se donner le moyen de sa nouvelle vie. Ce moyen est la conversion.

Nous savons maintenant qu'elle n'est pas un simple acte de rupture et d'élaboration réflexive. Cet acte, qui vaut comme l'instauration d'une nouvelle vision du monde et d'une nouvelle attitude existentielle, comporte des contenus précis. Sans la mise en œuvre de ces contenus, la conversion resterait verbale et performatrice. Le mot vaudrait comme la réalisation de la chose. Au contraire, la conversion est un travail de l'esprit qui change déjà la vie en instaurant concrètement trois principes de vie. Ces trois principes sont l'autre nom des trois activités de la réflexion dont nous venons de parler et qui vont *déjà* animer l'existence neuve. Ce sont la prise de conscience et l'instauration de l'autonomie créatrice ; la prise de conscience et l'instauration de la réciprocité véritable ; la prise de conscience et l'instauration du primat éthique de la jouissance des richesses du monde sur la délectation de la souffrance, de la mort et de la dépendance.

La mise en œuvre de ces trois principes (*autonomie, réciprocité, jouissance*) et déjà leur élaboration préalable supposent la liberté. Seule une liberté malheureuse et dépendante (le premier degré) est en mesure de « libérer » le sujet et de construire une liberté indépendante et heureuse. Parce que tout être est désir et liberté, tout être peut décider de reconstruire son autonomie, sa joie de vivre et ses relations d'amour.

S'il en a vraiment le désir, tout être peut « recommencer sa vie ».

Les solutions véritables : la conversion au bonheur

À la différence de la culture anglo-saxonne, la culture française du XXe siècle ne considère pas ce que j'appellerai l'amour multiple comme un scandale moral. Depuis les maîtresses des monarques aux XVIIe et XVIIIe siècles, jusqu'aux maîtresses des hommes célèbres comme Victor Hugo ou Karl Marx, Chateaubriand ou François Mitterrand, les femmes aimées qui entraient dans l'horizon d'un couple sont nombreuses, adulées et reconnues. La conscience collective, en France, sait bien qu'il s'agit là, juridiquement, d'« adultères », mais elle n'en tient pas rigueur aux maris et considère qu'il s'agit de faiblesses humaines sans gravité qui ne portent pas à conséquence. La lapidation ou la condamnation à mort de la « femme adultère » dans certains pays islamiques apparaît, en France, pour ce qu'elles sont, c'est-à-dire des assassinats.

Il reste que cette question de l'amour multiple (non pas la sexualité de groupe), dans lequel un tiers masculin ou féminin surgit dans le couple, n'est pas l'objet d'un examen sérieux. Ou bien on le considère, comme je l'ai dit, avec bienveillance et condescendance, ou bien on le raille pour en faire un sujet de vaudeville ou de série télévisée. Ou bien encore on en fait l'objet d'un traitement psychanalytique qui renvoie à des mécanismes de transfert et d'identification qui réduisent à un automatisme une relation amoureuse qui avait un sens.

En même temps qu'il est tacitement reconnu comme une pratique coutumière, à la fois socialement admise et habituellement pratiquée, l'amour multiple est en réalité méconnu. Non seulement il est aussi souvent masqué et « occulté » qu'il est divulgué et accepté, mais encore il est rarement considéré comme un objet d'étude ou une matière à réflexion qui serait philosophique et non pas psychopathologique. Cela signifie qu'on ne tente jamais de le comprendre en profondeur, de le fonder, de le justifier. Et l'on ne tente surtout pas de le mettre en pleine lumière et de le *renouveler*. En fait, on ne le prend pas « au sérieux », comme dirait Jankélévitch, la relation avec un tiers étant toujours considérée comme une « aventure ».

Au contraire, je tente ici, on l'a compris, de repenser la question à sa racine. Car c'est de cet amour multiple que je traite depuis le commencement du présent travail.

On se souvient que, en décrivant les relations désastreuses, nous avons déjà eu affaire à la relation avec un tiers : mais cette relation se déployait, *avant la conversion*, dans le climat passionnel de la jalousie, du ressentiment et de la haine ; étaient mises en œuvre des dialectiques de réversibilité et de vengeance, ou bien seulement de reconduction des conflits de liberté avec d'autres « partenaires ». C'était dire que, si les sujets restent sur le plan de la spontanéité passionnelle, quel que soit le partenaire, l'amour reste en effet l'échec que proclame la pseudo-lucidité contemporaine.

Ces amours multiples n'ont été jusqu'ici évoquées que dans le cadre de la vie préréfléchie et spontanée, c'est-à-dire *avant* la conversion. Mais, ayant montré que la souffrance extrême, source de crise, pouvait susciter un sursaut du sujet, nous avons rencontré et décrit l'acte de la conversion. C'est donc à de *tout autres* attitudes que nous avons maintenant affaire.

Et c'est le sujet de la conversion (le sujet « converti ») qui maintenant se propose d'examiner les solutions aux souffrances et à l'échec de l'amour, que ces solutions résident dans l'amour bilatéral entre deux sujets « libérés », ou dans l'amour multiple entre deux sujets et un nouvel amour.

L'amour fidèle

Lorsque j'ai évoqué les relations de souffrance et de conflits entre deux amants ou deux époux, je n'ai pas affirmé que *toute* relation d'amour était condamnée à l'échec, ni que toute relation bilatérale d'exclusivité réciproque (l'amour « monogame ») était vouée à sa perte. C'est que, bien évidemment, des amours durables, véritables et sincères, avec le mariage ou sans le mariage, existent en fait.

Il n'en est pas moins vrai que l'amour réussi et réciproquement exclusif se déploie le plus souvent dans une spontanéité vivante, même si cette spontanéité s'appuie sur la détermination ferme et réfléchie de « réussir » cet amour.

Il est alors toujours possible que, peu à peu, naissent tous les conflits décrits plus haut.

C'est contre ce risque d'une évolution malheureuse de l'amour que peut intervenir la conversion, en instaurant un nouveau style de relation entre les amants ou entre les époux. Mais c'est surtout à la naissance même de l'amour, au moment même de la rencontre, que l'action de la conversion réciproque sera la plus efficace.

Je vais donc considérer maintenant le rôle de la conversion, dans une première perspective, celle dans laquelle les deux sujets concernés restent seuls en présence, sans qu'aucun tiers n'intervienne.

Nous savons que ce redoublement réflexif, cette liberté neuve est toujours possible, et nous l'examinons maintenant dans les meilleures circonstances possibles : celles où les deux sujets, simultanément et d'un commun accord, accomplissent une conversion et fondent désormais leur relation sur un nouveau regard réflexif mis en œuvre respectivement par chacun et simultanément par les deux sujets.

J'appellerai ce nouveau regard une double conversion, car elle est effectuée par les deux sujets.

Cela signifie que, devant le risque de la lassitude sexuelle, chacun opère en lui-même la transformation de sa perspective sur la vie amoureuse : se retournant sur lui-même, il comprendra et maîtrisera ses propres exigences et ses propres limites ; se tournant vers l'autre, il en comprendra également les exigences sans lui tenir rigueur de ses limites ; et chacun ayant décidé de connaître l'autre toujours mieux dans sa chair et dans sa personnalité, ils décideront ensemble de vivre au long du temps, avec le temps, leur amour, leur intimité, leur tendresse tels qu'ensemble ils les font évoluer. La tendresse et la communauté de vie, appuyées sur la solide détermination de la double conversion, c'est-à-dire sur la référence réfléchie de chacun au désir et à la personnalité de l'autre, constitueront alors l'étoffe de l'existence. Celle-ci devient le mouvement même de la joie, déployée ensemble par deux amants dans et par le second degré de la liberté.

Ce qui est atteint n'est pas seulement la « fidélité » et la « maturité » d'un couple « intelligent », c'est la satisfaction intense de l'amour réciproque et permanent, fruit du désir et fruit de la réflexion, source de l'ultime justification dans le cours du temps.

Cette situation, dans laquelle l'amour livre toutes ses joies grâce à l'attitude réfléchie que confère la conversion, cette situation dans laquelle la constante affirmation de l'autre par l'amour et par la réflexion empêche la naissance même des conflits de la volonté de puissance et de la liberté, cette situation est assurément exceptionnelle et rare. Sachons au moins qu'elle est possible et qu'elle existe parfois. Il appartient à chaque couple de faire en sorte qu'elle soit de plus en plus fréquente et conduise de plus nombreux amants vers ce bonheur d'être qui est ici visé.

La situation dans laquelle un tiers survient dans l'horizon du couple est plus complexe, et c'est principalement à son propos que nous sommes en train de réfléchir.

163

L'amour philosophe

Nous sommes maintenant en présence de deux amants (ou de deux époux) qui ont *déjà* accompli leur conversion réflexive et qui sont confrontés à l'intervention d'un tiers ; ou bien qui, après une telle intervention, décident ensemble d'accomplir une telle conversion du regard et des attitudes. Cette situation est certes aussi rare que la précédente, dans laquelle les amants n'étaient placés que devant eux-mêmes, mais elle existe cependant. Soit qu'une même vision politique les ait déjà rapprochés, soit que, par leurs formations culturelles respectives et leur travail philosophique plus récent, ils aient déjà commencé leur « libération », deux sujets peuvent ensemble décider de mettre en œuvre une nouvelle attitude face à la nouvelle situation créée par l'intervention d'un tiers. Ils accompliront alors ce que j'appelle une double conversion[1].

Ils s'appuient sur leur Désir le plus profond qui est d'accéder à une existence à la fois comblée et justifiée, une existence qui serait à la fois libre, heureuse et partagée. C'est sur la base d'une telle exigence commune et d'un accord sur l'enjeu de leur future attitude qu'ils seront « en capacité » de réaliser ensemble une véritable conversion. Cet enjeu n'est pas la simple sauvegarde de leur mariage ou de leur union, mais l'accès même au *bonheur d'être* (comme dit Saint-John Perse). C'est le bonheur véritable de deux êtres qui s'aiment, c'est ce bonheur, c'est-à-dire la plus haute joie, qui est en jeu.

Ces amants qui s'aiment et qui réfléchissent leur vie décident donc d'adopter ensemble une nouvelle attitude. Ce n'est pas un combat de la raison contre la passion jalouse, un combat de la raison contre la volonté passionnelle de s'approprier l'autre et, en somme, de l'asservir. N'oublions pas qu'il s'agit ici de sujets ayant accompli ou en train d'accomplir leur conversion. Cela signifie que tous deux savent bien que l'autre a construit son autonomie et que cette autonomie est réfléchie. Chacun d'eux sait qu'une « passion », comme celle qui peut résulter de la rencontre d'un tiers, est en réalité une action. Chacun sait donc que l'autre, s'il s'engage avec un tiers, n'est pas la victime d'une « pulsion » qui le dépasserait et le dominerait malgré lui, mais le libre sujet d'un choix qu'il va lui-même nourrir et déployer.

Par commodité et pour simplifier, je vais utiliser les prénoms des personnages de *L'Invitée*, le roman de Simone de Beauvoir. Mais je ne me réfère absolument pas au roman, puisque les personnages n'ont accompli *aucune* conversion, à l'inverse de l'hypothèse ici développée. Le roman de Simone de Beauvoir se borne au domaine de la jalousie, domaine ici dépassé.

Pierre et Françoise sont donc deux philosophes qui s'aiment et doivent résoudre le problème créé par l'intervention de Xavière, dont Pierre s'éprend.

Aux yeux de Françoise, cet amour de Pierre pour Xavière n'est pas un mécanisme passionnel, ni une nécessité biologique, ni un consentement social. Pierre a déjà fondé sa propre autonomie et il déploiera son nouvel amour comme un acte, et donc un acte libre. Dans cette perspective, ayant elle-même gagné son autonomie par sa propre conversion (son propre travail sur elle-même), Françoise respectera pleinement la décision et le choix de Pierre à l'égard de Xavière. C'est dire que désormais elle considère les actions de Pierre du point de vue de Pierre lui-même et non d'elle-même, Françoise. En d'autres termes, Françoise « reconnaît » Pierre, elle continue de le reconnaître *après* l'arrivée de Xavière, comme elle le reconnaissait *avant*, depuis leur propre rencontre. Après cette arrivée, Pierre n'est pas devenu, aux yeux de Françoise, un « traître » et un autre homme, il est toujours lui-même, par lui-même et par ses choix.

Ainsi Françoise reconnaît et respecte réellement la liberté et l'autonomie de Pierre. Elle saisit d'ailleurs non seulement son droit de décider de ses actes, c'est-à-dire sa liberté et son autonomie, mais encore la spécificité de son être. Françoise connaît, reconnaît et admire la personnalité entière de Pierre, son mode de vie, ses goûts, ses désirs : elle ne reconnaît pas seulement son autonomie, elle reconnaît aussi sa singularité. Elle connaît et reconnaît ses motivations, son Désir fondamental. Elle le « comprend » et le désire « tel qu'il est », c'est-à-dire tel qu'il se veut : sensible désormais au charme envoûtant de Xavière. Même Françoise le reconnaîtrait, ce charme.

Dans cette reconnaissance réelle et entière de l'homme qu'elle admire et de son autonomie, Françoise est aidée par une autre pensée, par un autre aspect de la conversion réfléchie qu'elle a déjà accomplie : je veux parler de la réciprocité.

Non pas le moins du monde que Françoise ait présenté à Pierre un marché vulgaire, « un donné pour un rendu », c'est-à-dire un contrat de réversibilité au terme duquel Pierre accorderait rationnellement à Françoise le droit de rencontre ; elle pourrait rencontrer, si elle le souhaite, Jean-

Pierre, ou Claude, ou Nelson. Non. Aux yeux de Françoise, le nouvel accord et la nouvelle vie ne résultent pas d'un échange calculé de « bons procédés », mais du libre choix de la réciprocité.

Pour Françoise, le lien avec Pierre est un lien d'intériorité et de réciprocité désintéressée. Elle est heureuse d'affirmer Pierre, sa personne et sa liberté, sans qu'il faille nécessairement que, en retour, Pierre la reconnaisse. Sartre (le vrai Sartre) avait tort d'écrire dans *L'Être et le Néant* qu'« aimer c'est vouloir être aimé ». En réalité, aimer c'est d'abord aimer l'autre et ensuite être heureux que l'autre vous aime. Tout dans l'amour véritable se passe comme si chacun offrait à l'autre un don d'amour sans attendre de retour, mais en se réjouissant singulièrement de ce retour éventuel. Et ce mouvement vaut dans les deux sens, de chacun vers l'autre. La réciprocité d'amour n'est pas un dû.

Dans mon exemple fictif (qui s'appuie sur l'expérience vécue, seuls les noms ayant été changés), Françoise reconnaît sans calcul et la liberté de Pierre et sa personnalité, heureuse de savoir que, sans calcul, Pierre la reconnaît également elle-même dans sa propre liberté et sa propre personnalité. Elle sait donc qu'elle peut rencontrer sans problème Jean-Pierre ou Jean-Claude si elle en a le désir. Aucun « contrat » n'a été stipulé, mais un libre accord réciproque a permis à chacun de reconnaître en l'autre une pleine liberté de sentiment. La conscience d'une réelle réciprocité et d'une réelle reconnaissance des personnes permet à Françoise de ne pas considérer Pierre comme sa chose et de ne pas considérer les sentiments de Pierre pour Xavière comme des agressions de Pierre contre elle-même, Françoise. Elle sait au contraire que Pierre l'aime et que l'amour de celui-ci pour Xavière a une autre tonalité, une autre signification que son amour pour elle-même, Françoise. Ni leurs corps ni leurs vies ne sont les mêmes.

Françoise, en reconnaissant l'autonomie de Pierre et en étant renforcée par la pensée de la libre réciprocité de leur lien, se trouve elle-même justifiée.

Par son attitude, non pas de « tolérance » mais de compréhension profonde de la personnalité et de la liberté de Pierre, par sa compréhension de la signification de Xavière pour Pierre, par la certitude où elle est de la liberté entière et désintéressée de l'amour réciproque qui la lie à Pierre, Françoise accroît l'intensité de sa propre joie.

Oui, elle aime Pierre et aime en Pierre quelqu'un qui vise l'essentiel, comme elle-même. Et l'essentiel n'est pas une supposée préférence de Pierre pour Françoise (s'il fallait choisir), l'essentiel est dans l'accès commun (pourquoi non avec Xavière à l'horizon) à la joie d'être et à la justification de vivre.

En gagnant une nouvelle joie, les amants convertis gagnent une nouvelle liberté. Pierre et Françoise ont supprimé les fantômes de la trahison et de la culpabilité, ils ont chacun ouvert l'autre à la contingence de sa liberté et à la joie de ses actions, de ses rencontres et de ses créations. Ils se sont libérés ensemble de toutes les psychologies chosistes de la « passion », de tous les ressentiments, de toutes les souffrances. Ils peuvent désormais, ensemble ou séparément, mais toujours liés par une parole transparente, engagée sans engagement, se livrer à la jouissance du monde.

Ils ont sauvegardé ce qu'ils voulaient sauvegarder, c'est-à-dire la joie d'être et d'agir, la joie de la justification par l'amour réciproque et non captatif. Ils peuvent donc maintenant se livrer à la jouissance de cette vie nouvelle qu'ils ont su instaurer. Ils connaîtront les plaisirs qu'ils choisiront, ils se réjouiront de toutes les beautés et de toutes les richesses du monde. Ils voyageront, ils feront de nouvelles rencontres, ils découvriront de nouveaux mondes. Par leur vie, par leur conversion à la joie contre le pessimisme de la souffrance et de la servitude, par leur indépendance à l'égard des psychologies fausses et des morales illusoires, ils se feront ce qu'ils ont voulu être : philosophes et amants, amants philosophes déployant librement l'amour et sa joie.

L'amour secret

La solution précédente aux souffrances de l'amour et du conflit est certes exceptionnelle. Elle suppose la rencontre préalable de deux sujets (philosophes ou intellectuels) capables de réaliser chacun une conversion radicale, cette double conversion permettant l'instauration de la « transparence » et la construction de la joie.

En vérité, toute conscience humaine est capable de réflexion et d'invention et peut donc instaurer de nouvelles attitudes et un nouveau régime existentiel qui garantisse la liberté et l'épanouissement de chacun. Mais une autre difficulté survient : il est indispensable que *les deux* sujets, les deux amants, les deux époux soient concernés en même temps par ce Haut Désir, par ce grand Désir de la joie et de l'accomplissement. Or, la situation la plus fréquente est celle de la dissymétrie : l'un seulement des deux sujets a eu le temps et le désir de réaliser une conversion véritable. Que se passe-t-il donc dans cette situation où l'un est soumis à la « passion », tandis que l'autre a déjà accompli sa conversion ?

Ici, je veux avancer avec prudence et sérénité. Je ne souhaite faire aucune provocation, ni me livrer à aucun exhibitionnisme. En proposant une nouvelle défense de l'amour en situation ternaire, je désire plutôt fonder mieux, dans la liberté et la joie, une pratique courante ; je désire élucider la base ou la condition qui rendrait possible un amour ternaire dans lequel un seul des protagonistes aurait effectué au préalable une conversion du regard sur la vie amoureuse et les attitudes qu'elle met en œuvre.

On dira que je propose une philosophie élitiste, ou une conception « intellectualiste » de la vie sexuelle. L'objection ne serait pas pertinente puisque j'affirme et je répète que tout esprit, tout individu peut librement travailler à l'instauration de sa propre autonomie, pourvu qu'il ait (librement) accepté auparavant d'effectuer un travail de culture et d'information.

Le choix qui s'offre aux amants de niveaux de culture différents est en réalité fort simple : ou l'on refuse, au prétexte de démocratie culturelle mal comprise, tout travail réflexif dans la question de l'amour ternaire, et l'on donne libre cours à toutes les relations désastreuses décrites plus haut et à toutes les dialectiques du conflit affectif des libertés ; on laisse alors, au « cours des choses » et à la dégradation spontanée des sentiments et de la sexualité dans le temps, le soin de décider du sens de notre vie. Ou bien on considère que les difficultés de la « passion » sont des pathologies affectivo-sexuelles et, aliénant son autonomie, on fait appel au psychanalyste ou au sexologue, entérinant par là même des doctrines étrangères à la signification existentielle de l'amour.

Ou, au contraire, on admet qu'il peut exister une efficacité de la réflexion dans la question de l'amour ternaire et de la morale traditionnelle.

C'est d'ailleurs à cette conclusion que nous avait déjà conduits l'examen de la crise comme acmé de la souffrance et comme origine d'un nouveau départ, la conversion. Cet itinéraire correspond d'ailleurs à une expérience courante, exprimée avec d'autres mots : on parle de souffrances ou de bouleversements extrêmes qui n'anéantissent pas l'individu mais lui permettent de « rebondir ».

Mais la conscience ordinaire « rebondit » trop souvent sur le même terrain et ne fait que redonner vie aux puissances mêmes qui précédèrent la catastrophe. La fameuse (médiatique) « résilience » ne dit pas autre chose.

Or, ici, nous voulons renouveler réellement et non pas seulement restituer, restaurer les anciennes forces et les anciennes conceptions.

La question est donc maintenant celle-ci : que faire, dans une relation duelle où survient un tiers, relation dans laquelle un seul des deux amants de départ est en mesure (et « en désir ») d'accomplir une conversion à soi et à l'autre ? Autrement exprimé : dans une relation duelle et dissymétrique, que faire lorsque survient un tiers ?

Aucun élitisme dans cette question, seulement la prise en compte de la situation la plus fréquente : l'un des sujets du couple rencontre un tiers et doit, seul, prendre une décision.

En fait, je considérerai une situation légèrement différente : ici, le sujet qui rencontre un tiers est aussi le sujet qui, dans le couple, a déjà accompli une conversion. Pourquoi considérer cette situation ? Pour la simple raison que la situation la plus fréquente, celle où personne n'a accompli ni ne songe à accomplir un bouleversement réflexif de ses attitudes, *a déjà été* considérée plus haut et nous a livré le spectacle des amours désastreuses.

Or, j'examine les solutions possibles aux problèmes de la relation amoureuse. Je ne souhaite pas proposer une photographie sociologique de la vie amoureuse, je souhaite proposer un avenir encore inexistant mais possible, c'est-à-dire une éthique de la joie qui s'applique aux choses de l'amour.

Voilà pourquoi je considérerai maintenant la troisième solution aux souffrances de l'amour, dans le cas d'un couple dont l'un seulement des deux sujets accomplit et met en œuvre, face à l'intervention d'un tiers, un travail de conversion.

En quoi consistera donc ici ce travail dont j'ai examiné plus haut les lignes générales ?

Il ne s'agit pas ici de proposer une ligne de conduite qui serait une provocation, c'est-à-dire une complaisance agressive. J'ai déjà critiqué l'idée de révolte, simple violence affective contre soi-même et les autres, et non pas effort réel de la réflexion pour résoudre les problèmes de la relation. Il en va de même ici : la proposition d'une éthique neuve doit se fonder sur sa valeur interne pour être solide et non pas sur son coefficient de « scandale ». Celui-ci ne saurait obtenir que des résultats provisoires dans le temps et limités dans l'espace. D'autre part, une attitude provocatrice fallacieusement tenue pour « révolutionnaire » parce que scandaleuse comporterait une part de violence à l'égard de tels ou tels sujets concernés. Or, il y aurait là une contradiction fondamentale entre la recherche de la joie (et donc aussi de la sérénité des uns et des autres) et la création de la souffrance. Une attitude intransigeante et rigide dans la question de l'éthique relationnelle est en fait, sous le masque du purisme, une attitude d'insensibilité sadique. Oui, le kantisme *et* le pseudo-esprit « révolutionnaire » sont en réalité des attitudes qui consentent à la souffrance d'autrui pour que soit préservée la « bonne conscience », c'est-à-dire le confort intérieur du puriste.

On a compris que, dans le cas présent, je propose une éthique du *secret*. Parce que la situation considérée est, face à l'intervention d'un tiers, celle d'un couple dont l'un seulement des sujets est parvenu, par sa conversion, à l'indépendance totale de l'esprit, il convient de proposer une attitude qui sauvegarderait la joie des deux sujets et non pas seulement du sujet souverain.

La situation est à la fois singulière et fréquente.

Singulière en ceci qu'il est relativement rare qu'un couple soit composé de deux sujets culturellement différents. Non pas que le (ou la) philosophe soit intellectuellement et moralement « supérieur » à l'autre sujet, mais parce que l'histoire antérieure et l'autodétermination existentielle de chacun des deux sujets furent différentes de celles de l'autre. L'un a pu faire des études et l'autre non, ou bien aucun n'a fait de longues études mais chacun a orienté différemment sa vie antérieure à la rencontre. Celle-ci n'est pas la consécration d'une identité des histoires personnelles, mais la certitude évidente d'une convergence des visées existentielles sur l'avenir.

Dans cette situation, il existe donc, non pas une inégalité éthique des deux sujets, mais une dissymétrie quant à leur formation et leur personnalité. Il faut insister sur le fait que cette dissymétrie se déploie dans l'amour. C'est dans la perspective de l'amour que la différence des deux personnalités est prise en compte par chacune d'elle.

Nous pouvons commencer à mieux comprendre ce que vont signifier, dans la situation qui nous occupe, la relation dissymétrique et le secret qu'elle implique.

Pour simplifier l'analyse descriptive, nous allons donner aux différents sujets des prénoms fictifs. La femme aimée sera Éléna, son époux (ou amant) sera Manuel, et le tiers, c'est-à-dire la femme nouvellement rencontrée, sera Mathilde[2].

Ces personnages fictifs désignent en fait une situation réelle. Mais cette situation, ici considérée, est moins fréquente qu'il n'y paraît. Car la situation fréquente a été prise en compte et considérée plus haut. En évoquant les solutions illusoires au problème de la relation ternaire, nous avons examiné le cas, en effet fort répandu, de deux amants vivant ensemble dans la spontanéité immédiate, sans distance ni conversion. (Ont émergé alors les solutions fallacieuses du papillonnage ou du libertinage, solutions nées d'une simple révolte, non mûrement réfléchie.)

Maintenant la situation examinée est plus rare parce qu'elle concerne deux sujets (disons Manuel et Éléna) dont les cultures respectives sont différentes. Et cette situation dissymétrique se déploie dans la perspective de l'amour, ce qui renforce son caractère exceptionnel. Mais l'exception peut être moins rare qu'il n'y paraît. Lady Chatterley et son garde-chasse, ou la religieuse portugaise et son officier peuvent se rencontrer partout et concerner tout un chacun.

Quoi qu'il en soit, c'est en nous référant à une réalité effective et toujours possible que nous recherchons maintenant une solution à la problématique créée lorsque deux sujets qui s'aiment d'un amour fort, mais qui sont liés par une réciprocité dissymétrique (par l'histoire et par la détermination de chacun), se trouvent confrontés au surgissement d'un tiers.

L'un seul des deux sujets souhaite réellement adopter une attitude neuve et réfléchie. Que peut bien être cette attitude si l'on pose comme donnée de base et la dissymétrie des attitudes (plus ou moins réfléchies chez l'un, plus ou moins spontanées chez l'autre) et l'amour fort de Manuel pour Éléna ?

Paradoxalement (et c'est ce qu'Éléna ne croira pas), Manuel, fortement impressionné par la rencontre avec Mathilde, n'a pas l'intention de renoncer à son amour pour Éléna. C'est cette situation qui, le plus souvent, est tenue pour impossible alors qu'elle est une réalité. Seuls des croyances et des préjugés, chez les sujets les moins avertis, font que ce double amour, celui de Manuel pour Éléna et pour Mathilde, est tenu pour impossible ou mensonger.

Or Éléna et Mathilde sont différentes. L'amour pour l'aimée et l'amour pour le tiers ne sont pas identiques puisque l'amour s'adresse toujours à une personne singulière et que les personnalités de l'une et de l'autre aimées sont différentes. La formule populaire (« Qu'est-ce qu'elle a de plus que moi ? »), que les publicistes et les scénaristes répètent à satiété, n'est pas seulement vulgaire et prosaïque, elle est également inappropriée. Les diverses qualités d'un être ne sont pas des « traits » équivalents chez tous, et assemblés en quantités différentes chez les uns et les autres. La « beauté », la générosité ou la volonté personnelles ne sont pas des données quantitatives et partout identiques, données qui seraient différemment distribuées selon les personnes. Le teint nacré d'Éléna n'est pas plus ou moins beau que le teint doré de Mathilde, ils sont différents et susceptibles d'être admirés chacun en lui-même. La prise de position par rapport à l'existence (la « vision du monde ») n'est pas « plus » ou « moins » valable, plus ou moins intense selon les personnes, elle est différente. Et l'on ne peut pas dire non plus que ces visions du monde soient « complémentaires ». Elles sont différentes, autant que les personnalités elles-mêmes.

C'est donc le contenu même de l'amour d'un sujet pour deux êtres différents, qui est, lui aussi, différent dans l'expérience et dans la vie du sujet. Cette réflexion sur la spécificité absolue des personnes et des amours qu'elles peuvent vivre n'est pas seulement destinée à répondre aux griefs inappropriés de la jalousie, elle est aussi destinée à rendre compte des engagements divers d'un sujet.

C'est que la relation d'amour dans la réciprocité, la relation d'amour personnelle et réciproque d'un Je et d'un Tu n'est pas un vécu de qualité toujours identique, quels que soient les sujets du face-à-face. En chaque rencontre, le contenu de la réciprocité est différent. Manuel ne se rapporte pas à Éléna comme il se rapporte à Mathilde, et cependant la présence de chacun à l'autre dans la relation duelle est intense et réciproque. Pour simplifier, on pourrait dire que le « climat », l'« atmosphère », la signification de la rencontre des esprits (et, éventuellement, des corps) sont chaque fois différents, selon que Manuel se rapporte ou à Éléna ou à Mathilde. Il est certes possible que, par exemple, Mathilde se rapporte aussi à Pierre ; mais la réalité fondamentale est la même : les relations de A à X ou à Y ne sont jamais les mêmes, car X n'est pas Y.

Ce qui est en jeu, dans cette diversité concrète de la relation Je-Tu, c'est la finitude et la limitation de chaque être humain. Non pas que cette limitation de chaque personnalité soit une faute, ou une chute, ou une insuffisance, puisque, bien au contraire, une personnalité n'est ce qu'elle est que parce qu'elle est bien affirmée, bien délimitée par elle-même, bien unifiée selon ses propres principes. De là provient, entre autres richesses, le charme d'une personne : il est singulier, il est la libre expression d'un geste et d'une manière d'être, la vive expression d'un corps-sujet, c'est-à-dire l'expression unique d'une vie et d'un mouvement.

La « limitation » de chacun et de chacune est donc en réalité sa richesse et sa substantialité, la richesse et la substantialité de chaque manière concrète d'exister dans l'espace et dans le temps, dans la chair et dans l'esprit. C'est cette unicité des personnes que les grands romanciers savent exprimer. Madame Bovary n'est pas Anna Karénine, ou Madame de Rênal, de même que, dans *Comme je l'entends*, le roman de John Cowper Powys, la danseuse Elise Angel n'est pas la fille de pasteur Nelly Moreton, toutes deux aimées par Richard Storm.

On peut dire alors que c'est cette « caractérisation », cette forte limitation autonome des personnalités qui sont chantées et exaltées par le sujet qui s'éprend de plusieurs personnes. Il ne s'agit ici ni de papillonnage, ni de donjuanisme, ni de libertinage puisque nous nous situons maintenant dans la double dimension de la réflexion neuve (« convertie ») et de l'amour véritable. Nous nous situons maintenant dans la perspective de l'amour réfléchi et de la liberté seconde.

Le consentement à l'amour multiple et le libre choix de la coexistence, dans un même sujet, de plusieurs engagements d'amour, ne sont donc en rien la levée révoltée d'une censure ni le libre cours accordé au déferlement des pulsions. Ils sont une prise de position éthique et existentielle sur la signification de la relation érotique : celle-ci est une louange et une reconnaissance de l'unicité des personnes, de leurs limitations créatrices et de leur « équivalence » incomparable.

La multiplicité des engagements implique une autre affirmation : celle de la possibilité d'une « ouverture » de la conscience à plusieurs projets.

C'est une expérience courante, dans la vie pratique, que cette coexistence de plusieurs projets dans une même conscience. Les sociologues ont depuis longtemps attiré notre attention sur les multiples « appartenances » d'un même individu : il fait simultanément partie d'un groupe familial, d'un groupe professionnel, d'une association ou d'un parti, ou d'une congrégation, ou d'un club, ou d'une institution, et son activité est chaque fois différente, chaque fois spécifique, selon les groupes auxquels il se réfère à un moment donné. Tous comprennent cela et nul n'y trouve matière à critique. Que l'appartenance à une nation devienne parfois nationalisme et chauvinisme ne condamne pas cette appartenance mais seulement sa chute dans l'exclusivisme jaloux et l'intolérance.

Ces faits permettent de prendre conscience des possibilités pratiques et imaginatives de toute conscience et de tout Désir : leur richesse réside aussi dans cette possibilité qu'ils ont de se consacrer simultanément à plusieurs projets, et de conduire simultanément plusieurs activités.

Cette polyvalence des possibles est celle du Désir. Quand le membre actif d'un parti politique exerce en même temps sa profession de médecin ou d'avocat, ce qui est actif en lui est son Désir. Il déploie ses désirs comme le grand Désir de vie et de sens qui l'anime au long de son existence.

Il en va de même pour le sujet de l'amour multiple. Il met librement en acte l'universelle possibilité des appartenances multiples. Il s'ouvre à la riche multiplicité des personnes et il choisit d'en reconnaître simultanément deux qu'il préfère entre toutes. Il ne les veut pas « toutes » comme dans un texte de Lacan ; il choisit et il préfère d'une manière réfléchie celle ou celles qui lui correspondront le mieux dans le chemin de vie et de joie qu'il se propose de construire en le déployant. Sa personnalité sera enrichie d'autant plus qu'il aura lui-même souhaité reconnaître et enrichir, non pas seulement une personne, mais deux personnes foncièrement différentes.

Mais il s'agit toujours, dans les engagements de l'esprit libre, de se référer à l'autre dans une relation Je-Tu qui reconnaisse pleinement l'autre. Qu'en est-il lorsque l'autre (Éléna) n'a pas souhaité ou n'a pas encore souhaité opérer une conversion telle qu'elle puisse reconnaître la validité des choix nouveaux de son compagnon ?

L'amour peut-il encore subsister ? Comment le sauvegarder dans cette hypothèse, cette situation où l'un seulement des deux sujets a consenti au travail intérieur de la liberté ?

Cette dissymétrie n'implique aucune supériorité morale du sujet « libéré » par rapport au sujet « passionné ». L'amour que Manuel éprouve pour Éléna n'est pas diminué par le fait que l'itinéraire intérieur de celle-ci ne l'ait pas encore conduite jusqu'au stade de l'entière compréhension réciproque de l'autre. Manuel tentera de déployer de son côté la meilleure compréhension possible de l'être qu'il aime.

Mais Éléna (dans la situation ici examinée) est dans l'incapacité existentielle d'admettre que Manuel puisse éprouver un quelconque sentiment pour une tierce personne. Quelle qu'en soit la raison dans le parcours biographique d'Éléna, celle-ci serait blessée au plus profond d'elle-même si elle devait être confrontée à une telle situation. Il se peut qu'une angoisse d'abandon l'ait marquée très jeune, ou bien qu'une relation ancienne à son propre corps et à sa propre sexualité l'ait inscrite dans une perspective librement choisie de passion captatrice ; il se peut aussi qu'une fragilité générale du corps l'ait maintenue dans la situation d'une « femme-enfant ». Quoi qu'il en soit, il est évident, pour Manuel, qu'Éléna, par son histoire, par sa « sensibilité », par sa faiblesse somatique (une maladie cardiaque, par exemple), et par sa conception exclusiviste de l'amour, n'est pas en mesure d'affronter une situation ternaire ni une solitude radicale. Le temps est loin où Éléna pouvait affirmer que la solitude est une condition de la liberté.

En prenant en compte l'ensemble de la personnalité d'Éléna et le risque de mort qu'entraînerait pour elle l'intervention lourde d'une tierce personne dans son horizon existentiel, il est clair, pour Manuel, que sa responsabilité l'oblige à inventer une solution neuve à la problématique relationnelle.

Il ne saurait être question, pour le sujet, de renoncer à son amour ancien ni de provoquer une souffrance jusqu'à la mort. Mais la prise en considération de ses propres choix existentiels, tels que la joie d'aimer et la conversion de la liberté, interdira que le sujet renonce à son nouvel amour, promesse d'expériences neuves, conformes au projet existentiel du sujet.

La solution qui est ici proposée n'est pas le renoncement à l'un ou l'autre amour, dans la perspective d'une éthique du devoir et du sacrifice, mais le choix de l'amour discret, dans la perspective d'une éthique simultanée de la joie et de la responsabilité. Manuel ne fera pas état, auprès d'Éléna, de son amour pour Mathilde. Le choix de l'amour discret n'est pas un choix politique de classe, mais le choix du respect simultané de la femme aimée depuis longtemps et de la femme rencontrée plus récemment. Le respect et le maintien en vie de l'ancienne joie d'amour peuvent n'être pas exclusifs de l'engagement dans une relation neuve et dans un amour spécifique.

La discrétion de Manuel concernant Mathilde suppose l'accord de celle-ci. Il est en effet possible que Mathilde ait aussi opéré une conversion réfléchie et renoncé à toutes les dialectiques de la jalousie et de la domination. C'est l'amour réciproque de Manuel et de Mathilde qui rendra possible leur amour discret à l'égard d'Éléna.

Dans le même mouvement, Mathilde, par sa discrétion, exprimera un respect à l'égard d'Éléna et une compréhension généreuse de toutes les personnalités concernées, et de la situation créée par sa rencontre avec Manuel.

Paradoxalement, et grâce à la liberté d'esprit du sujet et du nouvel amour, la situation ternaire peut n'avoir pas la complexité qu'on lui attribue couramment, mais impliquer au contraire une simplicité évidente.

Bien entendu, le sujet et le tiers ne peuvent déployer un tel amour discret que si celui-ci s'appuie sur la similitude profonde de leurs conceptions existentielles et réflexives. L'amour discret n'est pas voué à l'échec lorsqu'il est motivé et soutenu par une entente profonde sur l'enjeu de l'amour : c'est la signification même de l'existence face à la mort et au néant. Seule la joie d'amour donne vie, mouvement et sens à l'existence, pourvu que, dans son déploiement, l'amour ne produise pas autour de lui la souffrance et le délabrement.

C'est que l'amour ne saurait être séparé de la responsabilité. Celle-ci n'est pas un événement ou une interrogation qui surgirait ou ne surgirait pas à l'occasion d'une situation neuve, elle est une partie constitutive de l'amour lui-même, quelle que soit la situation.

Dans l'amour, en effet, le sujet désire et exprime la pleine affirmation de l'autre. Cette affirmation n'est pas seulement une implication de la reconnaissance de l'autre en son être et en sa valeur, elle est aussi le désir que l'existence même de l'autre se maintienne et se déploie. Aimer l'autre c'est désirer sa vie et la poursuite de sa vie. Ce n'est pas vrai seulement dans le cas de l'amour parental (en règle général), c'est vrai également dans le cas du *pur amour*. Mais désirer le maintien et la poursuite de l'existence de l'être aimé, c'est désirer en même temps participer à cette existence et à son déploiement. Dans l'intention même de l'amour, est impliquée comme l'assomption de la vie même de l'être aimé. L'amant ne dit-il pas souvent à l'aimée « merci d'exister » ? N'éprouve-t-il pas, au plus haut de sa conscience, une sorte de gratitude à l'égard de l'existence de l'autre qui lui apporte joie et justification ? C'est donc d'une manière intrinsèque, « logique », que l'amour implique l'assomption des conditions d'existence de l'être aimé par le sujet. Il s'agit là, très exactement, de la responsabilité à l'égard de l'autre.

Il ne s'agit pas le moins du monde d'assumer un devoir et de « remplir ses obligations » (conjugales, par exemple). Il s'agit de bien saisir toutes les significations, de bien saisir librement toutes les implications d'un acte d'amour qui est la joie prise à l'existence et à l'être d'un autre.

Dans le cas qui nous occupe, l'amour du sujet pour l'aimée ne changera pas de sens au surgissement d'un tiers. Le sujet prendra en considération sa responsabilité envers l'épouse, non pas comme un devoir qu'imposerait une loi morale et civile, mais comme la conséquence logique et affective de l'amour lui-même : il désire pour l'aimée non pas la souffrance et la mort, mais la vie et sa joie. Dans le même temps (et contre la recommandation de Levinas), le sujet n'acceptera pas d'être « l'otage » de la femme aimée d'abord, et de sacrifier un amour neuf sur l'autel du devoir.

C'est à partir de là qu'on peut comprendre quelle sera la meilleure décision à prendre par un sujet lorsqu'un tiers intervient dans sa vie : il tentera de sauvegarder, *avec sa propre vie*, la vie même de l'être le plus anciennement aimé.

C'est l'amour discret qui, seul, sera en mesure de répondre à cette exigence. De même que la « nature » de chaque personnalité constitue un monde singulier, de même seront constituées en mondes singuliers, d'une part la relation du sujet à l'aimée et, d'autre part, la relation du sujet au nouvel amour. Il n'y aura aucune communication entre le monde de la relation Manuel-Éléna et le monde de la relation Manuel-Mathilde.

Si cette situation concernait des vies simplement empiriques et passionnelles, spontanées et impulsives, on pourrait parler de « mensonge » et de « trahison ». Mais tel n'est pas le cas. Nous avons affaire ici à un sujet réfléchi qui a opéré une conversion de son regard et qui, dans sa poursuite de la joie, a posé comme désirables et exigibles non pas seulement sa propre satisfaction, mais encore la vie et la sauvegarde de l'être le plus anciennement aimé, la santé et la sérénité de l'être toujours aimé, toujours assumé et toujours protégé. C'est à ce sujet, et non à des spectateurs étrangers qui s'érigeraient sans risques en gardiens de la Loi, qu'il appartient de décider de sa propre vie, et de choisir les voies qui permettront à trois sujets libres d'accéder à la plus grande joie possible, et de vivre le moins de souffrance possible.

Non que le sujet soit totalement seul. Son choix ne peut valablement s'incarner qu'avec l'appui du tiers. Celui-ci aussi a accompli une conversion et renoncé aux dialectiques de la jalousie et de la domination. Cet accord entre le sujet et le tiers ne repose sur aucune loi morale mais sur l'amour même. Car seul l'amour (c'est-à-dire le désir de l'épanouissement du sujet et de l'aimé) peut inspirer à Mathilde et à Manuel la conduite discrète qui est la leur, c'est-à-dire la conduite de respect, de compréhension et de générosité à l'égard d'Éléna.

L'amour discret pour la nouvelle aimée repose donc sur le souci de la vie même de l'ancien amour, toujours vif et présent. C'est contre le désespoir éventuel d'une femme aimée que peut et doit être prise la décision de conduire en un autre lieu un amour discret.

C'est dans cette perspective que le sujet s'est déterminé à assumer une décision qui comportait le risque majeur de l'opprobre. Il a tenu ce risque et ce jugement éventuel de l'opinion pour négligeables, eu égard aux deux enjeux équivalents clairement pensés par le sujet : d'une part, la poursuite de son propre épanouissement et de celui de la femme nouvellement aimée ; d'autre part, la sauvegarde existentielle de l'être le plus anciennement aimé. Manuel n'aurait pu aimer librement Mathilde si l'amour pour Éléna et la vie même d'Éléna avaient été mis en danger. C'est bien là ce que Mathilde, esprit libre, avait compris et assumé.

L'*amour discret* est ainsi une réussite de l'amour, au même titre que l'*amour fidèle* et l'*amour philosophe*. Remarquons, en l'occurrence, que ces amours seront d'autant plus valables, durables et gratifiants qu'ils seront plus « philosophes » : réfléchis, audacieux et créateurs.

L'amour tout autre

Paradoxalement, cet amour discret peut avoir la même longévité qu'un amour fidèle, puisqu'il est, comme lui, un amour philosophe. Cette longévité dépend de l'intention même des sujets, de leurs activités et de leurs styles d'existence, activités et styles qui sont l'expression même du nouveau Désir réfléchi que les sujets déploient ensemble.

Extérieur aux législations et aux institutions, l'amour discret peut être par excellence l'incarnation de *l'amour lui-même* puisqu'il est ici fondé à l'évidence sur son propre mouvement, sur sa propre autonomie.

Non seulement il est certain de n'être pas commandé de l'extérieur par une loi civile ou morale, mais il est par essence à l'abri de la vaine gloire. Parce que l'amour philosophe ici est un amour discret, il n'est concerné en aucune façon par un souci de parade et de vanité sociale. Par leur propre décision fondamentale, ces deux sujets réfléchis, que nous appellerons les *libres amants*, se tiennent éloignés de tout effort de représentation sociale et d'image offerte. Ils ne visent aucunement l'apparence, mais seulement l'être même de l'existence lorsqu'elle accède à son accomplissement véritable.

Ce qui est alors créé peut apparaître comme un « jardin secret ». Les libres amants n'ayant jamais recherché ni la provocation ni la notoriété, et n'ayant jamais souhaité susciter l'envie ou la jalousie, ils déploient leur amour dans le domaine privé de leur intimité et de leurs vies respectives. Mais ce domaine de l'amour authentique n'est pas, pour les libres amants, un domaine retiré qui serait secondaire et simplement ludique, un domaine qui serait à la fois à l'abri des regards et le lieu d'exercice d'une activité plaisante. Il n'est pas le lieu d'accès à quelques grandes joies exceptionnelles et singulières. En fait, l'amour discret n'est pas un « jardin secret » qui s'opposerait, dans le for intérieur, à la vie sérieuse et à la plus grande partie de la personnalité, il est à la fois l'essentiel de la personnalité des amants discrets, et l'éventuelle présentation de leur amour à une opinion sociale désintéressée. Les libres amants ne sont pas des conspirateurs. Ils ne sont pas non plus des provocateurs. Ils souhaitent seulement déployer avec simplicité une existence à la fois autonome et respectueuse d'autrui.

Mais si l'amour discret ou l'amour philosophe ne sont pas des « jardins secrets », ils sont dans la plénitude de leur sens la véritable réalisation du jardin. Ce n'est pas ici le lieu d'analyser de près les implications et les significations de ce mythe du jardin (le « Pardès » des Hébreux et des Perses). Mais on peut se souvenir du fait que ce symbole évoque avec intensité la plénitude simultanée de la jouissance et de la sérénité, c'est-à-dire précisément la plénitude d'un accomplissement du Désir. Or, c'est cela même qui est atteint par l'amour authentique, fidèle, philosophe et discret : la « libre joie[1] ». Il s'agit de la joie même de l'amour.

Notre cheminement au cœur des formes apparemment paradoxales de l'amour nous a conduits à la compréhension de ce qu'est l'amour lui-même en son essence. Nous avons déjà remarqué que les formes les plus courantes de l'amour n'expriment pas réellement son essence et sa vie, puisqu'elles impliquent toutes ces relations désastreuses que sont le conflit, la récrimination, la jalousie, « l'ambivalence » et la trahison. C'est en réalité par la seule médiation des formes réfléchies de l'amour que nous pouvons être mis en présence de toutes les implications du désir d'amour, c'est-à-dire des contenus fondamentaux de l'amour même. Mais, parce que, dans l'existence courante la plus ordinaire, dans « l'expérience » la plus souvent évoquée, on constate davantage la fréquence des amours malheureuses que la diffusion de l'amour heureux, nous appellerons *amour tout autre* cette forme de l'amour qui ne s'incarne qu'au terme d'une conversion intellectuelle et affective.

L'amour tout autre : une renaissance

L'amour tout autre n'est pas seulement l'amour discret ou l'amour philosophe, il est aussi l'amour même, dans toute la richesse de son sens.
C'est ce sens que je voudrais maintenant déployer et élucider. Je ne me satisfais pas d'une simple évocation de l'amour qui désignerait tout son contenu par la simple affirmation de son nom. Comme je ne me suis jamais satisfait de la simple

évocation du terme « bonheur » pour signifier les voies et les contenus de l'expérience concernée.

C'est pour en accroître le Désir, en assurer la solidité et en confirmer la possibilité qu'il y a lieu maintenant de dire ces contenus de l'amour qui vont conférer aux libres amants l'une des plus hautes joies.

C'est dans le sillage de la conversion que se déploie l'amour véritable, c'est-à-dire l'amour tout autre. Sans revenir sur l'acte de conversion et sur ses trois moments, on peut au moins souligner le fait qu'elle est une distanciation. Celle-ci est d'abord réfléchie, c'est-à-dire intellectuelle et concertée : elle rétablit la valeur, l'histoire et la créativité de tous les sujets concernés, elle instaure une distance entre les intentions spontanées, ou les décisions affectives et les jugements mûrement réfléchis et patiemment posés. En outre, cette distanciation est pour ainsi dire « poétique ». Ou poético-philosophique. Concrètement, elle se déploie dans un climat d'intemporalité et d'admiration, puisqu'elle est une conversion à un autre, qui est un être aimé. Seule la distanciation à la fois réfléchie et poétique peut permettre l'instauration du tout autre.

La réalité n'a pas quitté le monde, elle n'a pas fui dans un ailleurs mystique ou métaphysique, c'est « sur place » que le monde a été transmuté par le libre Désir et par l'intelligence motivée. C'est la recherche même d'une existence et d'un monde qui seraient suprêmement « gratifiants », sources de la plus intense des jouissances de l'esprit, qui permet en effet de déployer un nouveau monde et de vivre l'amour dans sa dimension à la fois existentielle et exceptionnelle.

Le monde devient tout autre lorsque l'amour est totalement autre, totalement différent.

Il constitue en effet une « seconde naissance ». Par l'investissement intentionnel des Désirs (les deux sujets), la perspective existentielle, c'est-à-dire la vie et l'histoire qui s'ouvrent alors aux libres amants, s'oppose radicalement à la vie qui précède la rencontre. Cette expérience est universellement connue, universellement vécue ; mais, parce qu'on la croit banale ou illusoire, elle est le plus souvent passée sous silence. Pourtant, c'est elle qui est la source de toutes ces références métaphoriques à la puissance victorieuse de l'amour contre la mort ou contre les obstacles sociaux. Dans ces références, on personnifie « l'amour » comme s'il était une individualité, mais on oublie alors que l'amour est l'acte de deux sujets qui se tournent l'un vers l'autre d'une façon radicale et totalement neuve. L'amour est l'efficacité de deux Désirs réciproques, et c'est la radicalité de ces deux Désirs qui engendre un nouveau monde, une nouvelle existence, bref, une « seconde naissance ».

On pourrait dire que l'amour est *toujours* l'origine d'une seconde naissance chez l'un et l'autre des sujets, pourvu que l'on ait affaire à un amour véritable, intense et réfléchi.

L'expérience de la « renaissance », le sentiment de renaître à la vie sont comme un nouveau départ : nouvelle énergie du désir de vivre, nouvelle perception de l'avenir. Le même pouvoir de recommencer la vie et la pensée qui fut mobilisé dans la conversion se retrouve ainsi dans l'amour tout autre : il est, lui aussi, nouveau départ, nouveau commencement.

Cette puissance créatrice de l'amour n'apparaît que si l'amour réciproque est intense, s'il est un « grand amour ». C'est dire qu'il implique à la fois admiration et reconnaissance.

De même que la seconde naissance, l'admiration est aussi essentielle à l'amour qu'elle est méconnue ou passée sous silence. On laisse croire que l'amour, l'affirmation privilégiée d'un sujet par un sujet, est la simple réception passive d'un « charme ». La beauté ou la prestance du corps de l'autre, sa présence et son expressivité agiraient sur le sujet comme un charme magique, un « philtre » mystérieux et inéluctable, c'est-à-dire selon une efficacité ni pensée ni comprise. Il y aurait, dans la rencontre amoureuse, une « séduction », qu'elle soit volontaire et complice, ou involontaire et subie. Ce sont là des interprétations hâtives. Elles croient s'appuyer sur une expérience universelle alors qu'elles se rapportent exclusivement à l'affectivité spontanée, étrangère aussi bien à la réflexion cognitive (qui souhaite élucider le vécu) qu'à la réflexion éthique (qui souhaite maîtriser l'action). Dans la vie quotidienne et spontanée, livrée à l'imagination, tout événement imprévu sera interprété par l'affectivité borgne comme « miracle », « mystère », « charme » et, pourquoi non, sorcellerie.

Tout au contraire, la conscience lucide et « convertie », réfléchie, aura à cœur de savoir pourquoi elle se dispose à aimer, pourquoi elle aime. C'est dire que, dans la rencontre amoureuse et dans le projet d'amour, intervient l'admiration.

Seul un scepticisme relativiste et destructeur empêche la référence à cette expérience, ou en limite la portée. Or, avec un peu de réflexion, l'amant peut très bien savoir quel trait de visage, quelle forme du corps, quel geste particulier, quelle tonalité de voix ou couleur des yeux ont « capté » son attention, son désir, son admiration.

Celle-ci est un acte : à la fois il souligne un trait, le perçoit avec force et le valorise. L'amour est une valorisation active qui pose le rayonnement de son objet comme digne d'admiration.

Non seulement on croit couramment qu'on ne peut décrire ni justifier un charme ou une séduction, mais on estime en outre qu'il serait erroné, sinon même humiliant, de soumettre le mouvement de l'amour de l'autre à une qualité supérieure qui dépasserait de loin la valeur du sujet. Les poètes, certes, chantent la beauté de l'aimée, et donc l'admirent, mais les critiques, les psychologues, les « moralistes » s'empressent d'invoquer la subjectivité des jugements et le caractère éphémère de la beauté.

Ils oublient que l'admiration (amoureuse ou esthétique) est certes une libre valorisation, mais en outre qu'elle repose sur des faits objectifs : tous n'aimeront pas tel trait de visage (ou tel portrait de la Renaissance), mais tous pourraient reconnaître qu'il existe bien tel trait de visage (ou tel portrait de la Renaissance). Ce n'est pas la « beauté » qui est subjective, c'est le jugement de goût.

Le libre amant, dans l'amour tout autre, est au contraire capable d'affirmer son admiration, c'est-à-dire son goût et son désir de l'être qu'il aime. Il n'y a là nulle soumission à un « charme » magique ni à une « séduction » passive. Ils ne sauraient se produire pour des sujets libres et réfléchis (seuls cas désormais considérés).

Par ailleurs, l'admiration ne se limite pas au domaine charnel et esthétique. Elle concerne l'ensemble de la personnalité aimée : son être même.

L'admiration est un élément d'une affirmation plus vaste et plus profonde, celle d'une reconnaissance intégrale. Nous avons déjà évoqué cet acte de reconnaissance en soulignant son triple aspect : il est l'affirmation de l'autre comme sujet et comme liberté, l'affirmation de sa spécificité et l'affirmation tacite d'une sorte de gratitude. Mais, dans l'amour tout autre, cette triple reconnaissance n'est pas seulement une justification réciproque de l'existence des sujets, elle est aussi une admiration réciproque. Certes, la discrétion (également voulue à l'intérieur du couple) exigera parfois que l'admiration ne soit guère évoquée. Elle n'en est pas moins constitutive de la reconnaissance amoureuse, au même titre que la modestie. Et c'est de là aussi que provient la joie d'amour : chaque sujet est affirmé en son être le plus profond par le sujet qu'il admire lui-même en son être le plus profond.

Cette admiration, cette reconnaissance sont vécues comme des affects profonds, mais elles sont aussi comme des offrandes et veulent alors s'exprimer. La parole amoureuse que j'évoque ici n'est évidemment pas ce « discours de l'amour » dont les adeptes de la psychanalyse nous disent qu'il est toujours séducteur, trompeur et masqué. Je songe au dialogue amoureux de deux sujets clairement accordés dans leur projet et clairement au fait de leur perspective. Mais parce que l'on est en présence ici de l'affectivité la plus qualitative et la plus riche qui soit, la parole ne peut ni ne désire exprimer par concepts les contenus vécus par les sujets. Le langage sera dès lors ou discrètement allusif au travers de préoccupations apparemment pratiques, ou expressément allusif par la médiation d'images ou de symboles poétiques. La « nacre » dira mieux l'admiration pour le teint d'un visage que ne le ferait une analyse d'inspiration médicale (pigmentation, circulation sanguine, etc.).

En outre, les symboles ou les métaphores permettront de relier l'être aimé, et l'expérience de l'amour, à l'ensemble de la nature et du cosmos. Que l'on songe à Saint-John Perse ou à Rilke. Dans l'amour sincère, et paradoxalement tout autre, le « non-dit » n'est pas une affectivité refoulée, mais une affectivité indirectement et discrètement évoquée, soulignée, exaltée par l'image.

C'est dire que l'amour parle. Il offre une présence et reçoit une présence, la parole étant (comme la musique) une des meilleures synthèses de l'intériorité et de l'extériorité. Le sens, les significations exprimées sont à la fois immatériels comme tels et « matériels » comme voix et sonorité. Et l'admiration la plus sensuelle désirera s'exprimer non pas seulement par la caresse ou l'étreinte, mais encore par l'offrande d'une parole. Si les libres amants souhaitent souvent exprimer leur amour par la médiation poétique, c'est que la synthèse de la chair et du sens, exprimée justement par la poésie, est en même temps l'incarnation du tout autre.

Et les libres amants le savent bien, en effet : par leur amour, ils sont entrés dans un tout autre monde. Non pas celui de la rêverie fantastique, mais celui de la plus haute joie. C'est la joie intense et sans calcul, la relation gratifiante et sans conflit qui sont ainsi mises en œuvre et effectivement vécues par les libres amants qui ont su se détourner du monde empirique et de la « banalité quotidienne ». La parole d'amour, lorsqu'elle se fait simplement allusive ou expressément poétique, souhaite en fait exprimer verbalement cette expérience et cette réalité du tout autre.

J'ai déjà dit qu'il ne s'agit pas du pressentiment d'un autre monde : c'est *ce monde-ci*, le nôtre, qui est transmuté par l'amour. Non pas « enchanté » par une mystérieuse puissance extérieure, mais transmuté, transpercé par l'activité créatrice de deux Désirs informés de la vraie joie et fermement engagés dans le Voyage.

Le cheminement de l'amour, l'expérience et l'expression du « tout autre » déployés par les amants est en effet comme un voyage.

Mais ce voyage est singulier : il crée lui-même le tout autre monde dont il se réjouit. Les libres amants ne sont pas des sujets immobiles qui se consacreraient à la connaissance ; ils agissent ensemble (fût-ce en des activités distinctes), ils se réjouissent ensemble de ce nouveau monde qu'ils suscitent par leur mouvement même. Le Tout Autre est à la fois leur visée et leur œuvre, le Haut Désir est à la fois ce qu'ils poursuivent et ce qu'ils éprouvent, la Haute Joie, la libre joie est à la fois leur substance actuelle et leur finalité la plus haute. L'expérience actuelle de l'intensité amoureuse vaut comme justification commune et accomplissement commun, mais la visée et le désir de cette même intensité de l'existence valent comme vigilance présente contre la chute dans la banalité ou la méconnaissance. C'est en ce sens aussi que l'amour est un long voyage : le présent se nourrit du projet d'avenir, mais l'avenir est soutenu et justifié par le présent.

En même temps que, par leur Voyage, les amants instaurent l'être, c'est-à-dire la réjouissance de la joie, ils modifient cet être à travers le temps, ils enrichissent et colorent autrement le monde qu'ils créent en le parcourant. L'âge et la maladie, par exemple, sont intégrés. L'être est en renouvellement constant en même temps qu'il déploie fondamentalement la même expérience de la plénitude, la même expérience substantielle de l'existence qui ont été rendues possibles par la conversion commune au tout autre.

Cette intensité existentielle du voyage de l'être, qui est aussi voyage de l'amour, n'exclut ni les plaisirs des sens ni les jouissances du monde. Bien au contraire, la libre joie de l'amour rend possible et désirable l'ouverture au monde et la jouissance de toutes ses richesses.

Nous en avons traité ailleurs[2]. Ici, nous voudrions insister sur la jouissance commune de ces richesses de l'art et de la nature.

Trop souvent, la contemplation de l'œuvre d'art, audition musicale, regard pictural ou plastique, est traitée comme s'il s'agissait exclusivement du regard ou de l'écoute d'un sujet isolé. Or, la contemplation à deux est une expérience aussi fréquente que la contemplation d'un seul et comporte, dans le cas de l'amour, des richesses spécifiques.

Je parle maintenant de l'amour lui-même, avec son intensité, sa réciprocité, son émerveillement. La contemplation esthétique commune y acquiert une signification spécifique : elle est l'offrande faite à l'autre par chacun d'un univers qui réjouit par son existence même. Parce qu'il y a échange, verbal ou implicite, le monde proposé par une musique ou par un tableau est mieux saisi, mieux compris que par un seul sujet. La contemplation jubilatoire à deux crée le monde contemplé dans le mouvement même de l'offrande. Exprimée dans le langage médiatique d'aujourd'hui, cette offrande serait un « partage » ; mais ce terme a une signification qui dénature le sens de cette expérience qualitative et unitaire qui est la jouissance commune d'une œuvre d'art, jouissance spécifique d'être commune, mais cependant jouissance entière pour chacun des sujets. Admirer ensemble (pour deux amants) un tableau de Claude Monet ou un air des *Noces*, c'est éprouver ensemble et s'offrir réciproquement une même expérience dans la plénitude de son sens, et non pas « partager », c'est-à-dire diviser et distribuer, des éléments distincts. On aimerait utiliser plutôt le terme de « communion » s'il n'était pas perverti et plombé par son interprétation religieuse.

Cette jubilation esthétique commune est un acte. Elle est l'un des actes de la joie qui constituent l'accomplissement d'une façon concrète. C'est dire que seul l'amour tout autre, c'est-à-dire l'amour, est en mesure de conduire les sujets vers la plus haute joie d'être et vers la jouissance de vivre. Il ne suffit pas que la vie soit « justifiée » ; elle doit aussi être « comblée », c'est-à-dire vécue comme jouissance d'être, comme déploiement dynamique d'une plénitude qui est un mouvement.

Le sens de ce déploiement, la signification concrète de cet « être », qui est un « acte », et de cet acte qui est une jouissance se livrent clairement dans l'expérience du voyage amoureux.

Je ne parle pas seulement de cette métaphore du voyage qui désigne poétiquement l'itinéraire existentiel d'un sujet qui travaille à sa « formation » et à son accomplissement. Je parle en même temps de ces voyages qu'accomplissent ensemble deux êtres qui s'aiment. Par ces voyages, ils intègrent à leur expérience d'amour la richesse imprévisible de leurs découvertes incessantes. Ils s'offrent constamment l'un à l'autre la splendeur des œuvres et des villes, la beauté des paysages, la spécificité des nations. Par ces voyages, qui sont à la fois approfondissement de l'être intime de chacun, maîtrise jubilatoire du temps et de l'espace, et offrande réciproque du présent et de sa joie, les amants véritables peuvent accéder au « substantiel ».

Un « beau voyage », un « bel été », une « vie heureuse », un « grand amour » peuvent n'être pas des expressions vides ou des rêveries illusoires. Mais c'est qu'elles désignent alors l'expérience qualitative d'un Désir qui s'est déployé dans la réflexion et dans le miroir, c'est-à-dire dans la lucidité et dans la réciprocité.

Ce qui est alors atteint par chacun des amants est une saisie de sa vie comme densité. La vie acquiert la densité de l'être, la densité d'une « substance », c'est-à-dire la solidité satisfaisante d'une autonomie qui se réjouit d'être et d'être active. Mais cette « substantialité » qui se suffit à elle-même est *l'acte commun* des deux amants, c'est-à-dire l'offrande réciproque et simultanée de la joie d'exister et de sa permanence.

Il s'agit de la Haute Joie et du Haut Pays. Les amants (ceux qui s'aiment au long du temps et à travers l'espace) sont des métaphysiciens qui réalisent ensemble et créent ce domaine de l'être où se déploie la vraie vie.

Il y a là une très haute exigence. Mais elle est à la fois celle de l'amour et celle de l'existence. C'est l'existence même qui, parfois, réalise ce que l'amour désire, et c'est l'amour qui, parfois, réalise ce que l'existence désire au tréfonds d'elle-même.

Cette double exigence et ce double « miracle » ne restent illusoires que lorsque les individus n'ont pas su, ou n'ont pas voulu courir le risque absolu de l'indépendance d'esprit. La réflexion et l'offrande ne sont pas une simple méditation au coin du feu ou sur son tapis de prière ou de dojo. Elle est un risque absolu puisqu'elle ne vaut que si elle concerne la signification même de l'existence : et cette signification se joue entre la vie et la mort.

Ce n'est pas l'amour tout autre qui implique la mort : c'est son absence. Si les littératures et les psychologies de toute l'humanité donnent une si grande place à l'amour, si l'angoisse et la souffrance sont la tonalité la plus fréquente des méditations sur l'amour, si « l'objet perdu » ou « l'être manquant » ou « l'être manqué » sont les marques les plus corrosives de l'expérience amoureuse, c'est bien parce que l'enjeu de l'amour n'est pas le plaisir mais le sens même de l'existence. Or, celle-ci ne prend sens que par la joie d'être. Hors cette joie, l'existence n'est que persévérance végétative et consumériste, lutte aveugle et vaine pour la domination, ou combat futile contre l'ennui.

Or, nous l'avons vu, seul l'amour (s'il est éclairé) est en mesure d'unifier donation et réception, plénitude et création, jouissance et sagesse. Sa responsabilité, sa tâche sont donc immenses. Et c'est sans doute la gravité et l'ampleur des enjeux, en même temps que la difficulté du cheminement et la constante menace de mort, beaucoup plus que le refus de la sexualité, qui empêchent certains sujets de risquer l'amour ou qui les incitent à se refuser à l'amour, c'est-à-dire à la vie.

La délectation érotique

Dans sa plénitude et sa liberté réfléchie, l'amour tout autre peut impliquer le plaisir. Il y aspire le plus souvent. Et c'est alors d'un plaisir singulier qu'il s'agit. Il concerne toutes les formes du grand amour, et se déploie aussi bien dans l'amour fidèle que dans l'amour secret, dans l'amour spontané que dans l'amour philosophe.

Mais, parce qu'il s'agit ici de l'amour tout autre, le plaisir qu'il appelle et qu'il rend possible doit, lui aussi, être tout autre que ce que l'on en dit ordinairement. Comme à propos de l'amour, nous parlerons du plaisir lui-même et non de cela que l'on désigne ordinairement par le terme « plaisir ». Celui-ci signifie alors ce que l'on croit être un événement obscur, impulsif et quasi autonome, relevant plus du « corps » que de la « conscience », mais vécu par la conscience comme une vague violente qui submerge ou comme une pâmoison qui emporte tout l'être. Le terme d'orgasme serait alors adéquat pour désigner ce spasme de l'homme ou de la femme, mais il appauvrirait la compréhension du plaisir en cautionnant l'interprétation superficielle qu'on vient d'évoquer.

Ce plaisir ordinaire, décrit souvent par les psychanalystes comme « décharge nerveuse » ou libération d'une « tension », est alors constitué (par le sujet irréfléchi ou par le « psychologue » qui l'observe) comme un événement physiologique se suffisant à lui-même. Il s'imposerait aux sujets qui certes en sont « ravis », mais parce qu'ils seraient alors comme arrachés à eux-mêmes par un rapt. Cette conception réaliste d'un plaisir exprimant exclusivement le corps et ses « mécanismes » semble désigner une sexualité sans amour puisqu'il indique une sexualité sans conscience. Le vagin, le pénis et les fesses sont alors au-devant de la scène, ils s'offrent au regard et à l'action comme « machine à désirer » (ainsi que croit pouvoir le dire Deleuze), c'est-à-dire en fait comme organes à la fois déterminés et indépendants. Les thérapeutes et les psychologues s'efforcent certes de relier le plaisir à ces « mécanismes du moi » que seraient le défoulement, la transgression ou la liquidation d'un complexe, mais il n'en reste pas moins que, à leurs yeux, l'événement majeur est l'événement physiologique et nerveux. Ces thérapeutes et ces psychologues en arrivent à ignorer l'amour, à n'évoquer celui-ci que comme l'épiphénomène secondaire de la sexualité, et à ne concevoir cet amour que comme le « discours » destiné à « occulter » la sexualité, seule véritablement importante.

Dans cette perspective « réaliste », ce n'est pas seulement la vie amoureuse qui est trahie, réduite qu'elle est aux événements physiologiques de l'érection, de la sécrétion et de l'orgasme, c'est aussi le plaisir lui-même. Car ces réalistes ignorent que le plaisir n'est pas le pur et simple aboutissement du désir et que celui-ci n'est pas la simple pulsion génitale qui donnerait son sens à toutes les actions humaines. Les réalistes méconnaissent la nature et de l'amour et du plaisir, trahissant ainsi la véritable nature synthétique du corps-sujet, c'est-à-dire de l'existence.

Que nous dit, réellement, le « plaisir » ?

Il doit bien être précisé qu'il est ici question du plaisir d'amour et non pas du simple plaisir sexuel. Ce dernier est en effet essentiellement une intuition du corps, c'est-à-dire du corps-sujet : c'est bien le corps et la conscience qui sont ensemble concernés, mais la conscience n'est alors que l'affirmation du ravissement charnel. Elle se suffit à elle-même.

Dans le plaisir d'amour, la conscience est plus riche, plus significative. Le ravissement charnel comporte des significations plus riches, plus profondes et plus vastes que la simple intuition bouleversante d'une région du corps.

La caresse est le témoin de cette richesse. Elle peut n'être d'abord que l'effleurement, ou le léger passage d'une main sur un sein, englobé comme dans une coupe et appelé à surgir de lui-même, ou bien le mouvement légèrement plus appuyé d'une main sur une hanche ou sur une cuisse, évidentes et éclatantes. Il en résulte (parce qu'il s'agit d'amour et non d'extrémités nerveuses) un double événement de conscience. L'être caressé jouit d'une région de son corps à la fois *éveillée*, *soulignée* et *admirée*. La caresse est alors offrande reçue et confirmation, la chair caressée est exaltée et confirmée dans son existence de chair aimée, c'est-à-dire de chair adulée et de conscience charnelle troublée-troublante. Elle est reconnue comme telle, voulue et saisie comme telle et par la main caressante et par la conscience (oui, la conscience) savoureusement incarnée. L'être caressé, par son plaisir, accède alors à la joie. C'est la joie d'amour. L'être aimé se saisissant lui-même, par l'autre, comme peau et chair délicieuses, ne se sent pas objectivé (comme on le croit parfois), mais au contraire confirmé dans son incarnation même : il est le corps-sujet qu'on aime et qu'on admire, c'est-à-dire le sujet que l'autre aime tant qu'il veut le porter au niveau de la jouissance de soi.

Dans le même temps, l'être caressant témoigne volontairement de son admiration et de son émotion contemplative. Le mouvement de sa main est alors l'offrande faite à l'autre par le soulignement de sa chair et le propre ravissement du sujet aimant qui ressent dans sa main l'admirable tendresse de la chair aimée. L'être qui caresse souligne, en même temps que la chair de l'autre, sa propre tendresse à l'égard de l'être aimé. Si une caresse est toujours légère, effleurante, c'est qu'elle souhaite exprimer non pas une simple admiration plastique, mais une admiration respectueuse qui se veut douceur et tendresse.

La caresse est alors l'entrée commune dans la suavité. Le corps caressé se réjouit d'une suavité à la fois sienne et venue d'ailleurs, tandis que le corps caressant se réjouit de créer en l'autre et en lui-même, par son amour, une suavité nouvelle.

On est alors en présence d'une mutualité. La caresse se fait à deux. Non pas seulement par le fait que chacun, tour à tour, peut caresser l'autre et être caressé par lui, mais par le fait que la caresse implique, dans chacun de ses gestes, l'activité tendre du sujet caressant et la réceptivité active du sujet caressé. Il y a consentement et offrande simultanés, c'est-à-dire simultanéité et donc communauté, en l'un et en l'autre, de l'offrande et du consentement. Cette simultanéité (en chacun) de deux émotions devient l'évidence charnelle de la réciprocité des consciences. La chair caressée et la chair caressante se répondent alternativement, chacun saisissant dans son émoi accueillant ou donateur la présence de l'être aimé, la présence créatrice de l'autre : chacun reconnaît alors dans son propre émoi la présence de l'amour.

C'est alors la présence de la joie d'amour. Le plaisir charnel, certes évident comme tel, n'est pourtant possible que parce qu'il s'intègre à la joie de l'esprit et parce qu'il est autorisé par le consentement issu de l'amour. Le plaisir d'amour est, pour chacun des sujets, un ravissement charnel parce qu'il est à la fois ravissement du corps et offrande de la conscience, consentement de la conscience et offrande du corps. Chacun dans la joie et le plaisir d'amour se réjouit de l'existence de l'autre et comme chair et comme esprit, chacun offre à l'autre et reçoit de l'autre une sorte de présence totale.

Cette présence amoureuse peut être si intense et si entière que les caresses peuvent devenir des étreintes et s'ouvrir au plaisir extrême et au ravissement ultime. La joie d'amour est alors celle de la joie extrême vécue par chacun dans un temps alterné ou simultané, mais toujours partagé, toujours vécu au tréfonds de soi, comme l'œuvre de la présence de l'autre, comme l'expression même de l'amour de chacun pour cette présence de l'autre. Le plaisir d'amour n'est pas un simple bouleversement charnel, il est une joie active qui emporte les consciences et les corps, une joie commune et partagée par laquelle les amants s'emportent ensemble vers le ravissement extrême. Un « plaisir » qui serait purement charnel et

« génital » ne donnerait pas cette joie, cette plénitude et cet éblouissement qui naissent lorsque deux amants qui s'aiment expriment par leurs caresses réciproques la tendresse et l'intensité de leur amour.

Ils expriment comme un grand consentement libérateur. Ils ont consenti à se livrer à l'extrême, à se dépouiller de leur réserve et à entrer avec l'autre dans le domaine pressenti de la plus haute jouissance. Quand celle-ci survient, elle se dépasse elle-même. Elle devient accomplissement. Le désirable absolu, le mouvement vers la promesse, deviennent la réalité, la somptueuse réalité qui éclate et rayonne comme jouissance d'être.

Par l'amour, c'est-à-dire par la réciprocité de l'offrande comblée, l'existence charnelle se fait joie – joie de l'existence intégrale, joie d'exister dans le total accord avec l'être. La conscience se découvre comme absolument unifiée à elle-même et à l'autre, à cet autre qui a franchi la distance et à elle-même qui a dépassé l'attente.

Les mots pourraient sembler extrêmes. Ils le sont. Du moins tentent-ils d'exprimer cette jouissance dont Freud ne savait pas dire plus que le fait qu'elle est la plus haute jouissance que puisse connaître l'être humain. Mais si elle n'était que ce pauvre plaisir ponctuel dont parlent les « thérapeutes », elle n'entraînerait ni l'inspiration des grandes littératures mondiales, ni le désintéressement des grandes « passions » et *des belles tentatives*, ni le désespoir ou la violence des criminels par amour. C'est au contraire parce que la jouissance n'est pas seulement charnelle, parce qu'elle n'est pas seulement plaisir intense mais également joie vive, à la fois extatique et lumineuse, c'est pour cette raison qu'elle est si universellement désirée et poursuivie.

Et c'est en un sens parce qu'elle est si extrême et intense, si bouleversante et gratifiante, qu'elle est méconnue et travestie par les religions. Celles-ci craignent que la joie d'amour ne dépasse tellement toutes les autres joies, et ne conteste tellement tous les pouvoirs, qu'elle mette en péril et la croyance en un dieu, et l'autorité des prêtres.

Ne craignons donc pas le langage extrême pour dire l'amour tout autre. Comme le bonheur même, l'amour est dicible, et il est connaissable. Il est même le chemin de la connaissance et la connaissance suprême. La caresse, ici encore, est preuve et manifestation.

Elle est en effet, pour l'être caressé tout au long de son corps, prise de conscience explicite et savoureuse de son corps progressivement découvert, tandis qu'elle est pour l'être caressant exploration de l'autre, esquisse réitérée de son corps, mise en évidence progressive de l'admirable et du délectable. C'est par la caresse que les amants découvrent et connaissent le corps et la chair de l'autre, leur corps et leur propre chair.

Et ils n'en connaissent pas seulement les formes et les domaines, ils en connaissent aussi l'intériorité. Chacun caressant l'autre découvre simultanément que la chair de l'autre est une sensibilité, une intériorité délicieusement consciente d'elle-même, et que sa main et sa propre chair sont une intériorité, une délicieuse réceptivité. Ce qui comble les amants est aussi le fait de la double sensibilité. Chacun découvre qu'il ressent dans sa chair et dans ses mains à la fois l'intériorité de l'autre et sa propre intériorité, la sensibilité de l'autre étant saisie par l'extérieur, et la sensibilité du sujet saisie par l'intérieur. La chair est intérieurement conscience charnelle et la conscience est extérieurement chair consciente. Et ces mouvements, ces prises de conscience sont à la fois des intuitions immédiates et délectables, et des pensées, des offrandes et des consentements, des éblouissements et des accomplissements. Une telle richesse de significations, une telle activité « immédiate » de la pensée se vivent bien évidemment comme joie (charnelle et consciente) et non pas seulement comme plaisir (physique et délimité).

Les écrivains, et les meilleurs d'entre eux, se réfèrent souvent non pas seulement à la joie et au « bonheur d'être » (comme dit Saint-John Perse), mais aussi à l'angoisse et au vide qui, à la fin, annuleraient l'extase (comme le suggère François Solesmes). Dans ce dernier cas, appuyé sans doute sur une expérience réelle, on se réfère à l'instant qui suit l'extase et qui ne serait que vide et désenchantement. Il n'y aurait à la fin que « noces entrevues, de si peu manquées comme toujours[1] », ou bien la révélation de ce « manque à être » qui, selon le psychanalyste Lacan, caractériserait l'être humain et sa sexualité. Mais ce n'est là qu'une fausse connaissance, une affirmation partielle et tendancieuse qui cesse d'être une « connaissance » pour n'être plus qu'une opinion. La vérité est qu'on reste alors situé au niveau immédiat d'une réflexivité sans horizon, puisque limitée au sentiment d'une fatigue – fatigue interprétée après coup comme faute ou comme échec. Au niveau de cette réflexivité, il ne fut peut-être question que de plaisir.

Mais lorsque les amants sont dans l'amour véritable et profond, alors l'instant d'après est vécu comme une consécration réciproque et commune, comme la joie prolongée, rassérénée, livrée à elle-même comme la présence avérée de l'amour, comme la jouissance évidente de l'être. Après l'extase, et grâce à elle, vient la joie de l'accomplissement.

Dans cet amour peut survenir alors l'allégresse et la fantaisie. La tendresse peut s'exprimer à nouveau dans des activités complices, musiques, dégustations de thés et de confitures, présentations humoristiques de diverses tenues vestimentaires somptueuses. Ces dégustations, ces présentations, ces auditions, ces offrandes réciproques de travaux ou d'œuvres, peuvent d'ailleurs aussi bien précéder les érotiques caresses d'amour que les suivre. Le haut amour, l'amour charnel, réfléchi et partagé, peut choisir de se commenter par la fantaisie, par le déguisement, par la gourmandise, par la danse.

Et, au-delà de leurs noces et de leurs cérémonies, les libres amants peuvent se livrer à leur vie, à leur commun déploiement.

Ils voyageront. Ils s'offriront réciproquement les mondes qu'ils ont jadis découverts séparément ou qu'ils découvriront ensemble. Ils s'enrichiront de leurs cultures et de leurs savoirs respectifs. Ils seront toujours plus proches, toujours plus indispensables l'un à l'autre.

Des souffrances, des « contraintes » pourront subsister chez l'une ou l'autre des consciences, mais ce seront des souffrances discrètement assumées, des contraintes volontairement choisies pour que puisse naître et se déployer un domaine d'existence incomparable, une proximité de conscience à nulle autre pareille.

Respectivement, la vie antérieure de chacun des amants sera concernée, active et dépassée cependant par la rencontre et par la nouveauté existentielle, par le surgissement du « tout autre » et la permanence de l'unité.

Chacun, pourtant, restera autonome et souverain. Les demeures ne seront pas nécessairement communes. Les souvenirs, les voyages, les amitiés ne seront pas nécessairement identiques. Mais la proximité existentielle sera la source commune du nouveau Désir, la source commune de la nouvelle conscience.

Les difficultés matérielles ne manqueront pas, mais elles n'auront pas d'incidence sur la relation puisque, souvenons-nous-en, nous sommes situés après qu'une conversion a été réalisée et constamment réitérée.

Au contraire, c'est bien une seconde vie qui se déploiera.

Des problèmes nouveaux surgiront, comme ceux du grand âge, par exemple. Mais ils seront réglés, autant que faire se peut au fil du temps, et cela simultanément d'un commun accord, avec l'aide éventuelle du plus vaillant. L'âge pourrait entraîner la disparition de l'épouse, mais sans toutefois que soit modifiée la modalité de la vie quotidienne des amants, essentiellement fondée sur leur autonomie respective et leur harmonie profonde.

La mort alors sera vaincue. Non pas qu'elle ait été abolie, mais parce qu'en aura été supprimée l'angoisse. C'est la justification de la vie et son sens qui, au contraire, seront inscrits dans la mémoire, après la disparition de l'épouse ou après la disparition d'un amant.

Conclusion

L'amour vrai, c'est-à-dire intense et réciproque, implique donc une totale liberté d'esprit à l'égard du discours coutumier et une détermination sans faille dans la poursuite de l'enjeu majeur qui est le bonheur d'être.

Cet enjeu, qui est aussi l'accomplissement le plus riche possible du Haut Désir, vaut donc comme « absolu », c'est-à-dire comme valeur suprême. À ce titre, on peut dire que l'amour intégral (avec ou sans sexualité) est à la fois le critère et la voie d'accès à une éthique plus large qui soit intensément gratifiante, et rigoureusement non religieuse. Une telle éthique a la joie pour orient et pour matériau, c'est-à-dire objet substantiel d'une expérience vive.

Éthique de la joie et éthique de l'amour sont donc équivalentes puisque toutes deux impliquent la réciprocité de l'expérience existentielle. Ne pourrait-on pas dire alors que cette éthique, dans laquelle l'amour vrai et la joie active peuvent fonder toutes les autres « valeurs », telles que la justice, le droit et les libertés, ne pourrait-on pas dire que cette éthique est La Valeur ?

Elle est certes l'objectif ultime, mais désigner celui-ci par ce terme traditionnel risque de produire un malentendu : le terme Valeur désigne trop souvent un idéal moral qui serait déjà tout constitué en dehors de l'activité humaine, une sorte d'idéal spirituel et transcendant qui aurait toujours le même contenu et comporterait en lui-même une sorte de pouvoir d'attraction qui serait en même temps un pouvoir de contrainte. Le malentendu produit serait alors celui de la métaphysique.

Pour nous tenir à l'écart de cette métaphysique (où l'on a dit tout et n'importe quoi) et à l'écart des morales du devoir, souvent impliquées par cette métaphysique, nous proposons de désigner comme « Préférable » ce but ultime de l'existence que sont la joie et l'accomplissement.
Par ce terme, deux significations, c'est-à-dire deux expériences vécues, sont suggérées.
On souligne d'abord le fait que tous les objectifs, toutes les fins et toutes les « valeurs » sont les résultats d'affirmations préférentielles. Ils sont toujours le fruit d'actes humains, et ces actes sont des choix, c'est-à-dire des *préférences*. Et ce sont les humains, c'est-à-dire l'esprit, qui posent et animent ces préférences, alors que les « valeurs » semblent être reçues de l'extérieur.
Par ce terme (et l'expérience désignée) de Préférable, on souligne une seconde signification. Par la majuscule, on suggère que le Préférable est l'objectif suprême, celui qui se substituera à tous les autres choix possibles. Le Préférable désigne en effet l'objet de l'ultime préférence lorsqu'il y a conflit entre plusieurs préférences possibles, entre plusieurs libres choix éventuels.

Le Préférable est donc l'option ultime qui, elle, ne sera jamais sacrifiée. Il a donc fait l'objet d'une réflexion, d'une analyse comparative à la lumière du but ultime qu'est l'accomplissement. Il est, par exemple, préférable pour un esprit libre d'assumer le risque d'un amour secret plutôt que renoncer à un tel amour devant l'éventualité d'un désastre conjugal. La joie d'un amour qui sera une renaissance sera préférée à la sérénité d'un amour dissymétrique et non satisfaisant. Un autre choix est certes possible : un autre esprit libre choisira (préférera) le renoncement à l'amour d'un tiers pour sauvegarder la vie d'un être aimé, lui aussi. Seul le terme de Préférable permet de comprendre la multiplicité des choix existentiels possibles, alors que le terme de Valeur laisse entendre une objectivité et une universalité uniques et indiscutables. Mais la vérité est qu'une valeur, un idéal, un objectif sont *toujours* le résultat d'une invention des possibles et d'une préférence parmi les possibles.

Il s'agit, on le voit, de l'activité même des sujets comme consciences capables de porter au second niveau réflexif leur liberté première et spontanée. La réflexion et l'analyse comparée des meilleures options possibles pour un sujet donné, dans une situation donnée, ne sont pas de simples calculs utilitaristes. Ce qui sera le Préférable absolu pour un sujet singulier ne sera pas forcément le plaisir ou le profit. L'homme libre n'est pas l'*homo economicus* des utilitaristes ni la volonté de puissance de certains nietzschéens. L'homme libre ne « calcule » pas ses plaisirs comme Bentham, ni ses richesses comme Stuart Mill. Il réfléchit sa liberté dans la perspective du meilleur accomplissement possible à ses yeux, de son désir de joie et de réciprocité.

C'est dire que la référence au Préférable absolu (ce but sans lequel la vie n'aurait plus aucun sens) place l'esprit libre devant sa propre responsabilité. Non qu'il doive des comptes à qui que ce soit ; mais, par son passage au niveau réflexif, il s'est engagé devant lui-même, c'est-à-dire devant l'enjeu de sa vraie joie, à déployer son existence, ses choix et ses expériences à la seule lumière de son plus haut Désir.

Notes

L'éthique de la joie contre la morale du devoir

1. Dans *Le Philosophe, le patient et le soignant* (Les Empêcheurs de penser en rond, 2006), j'ai tenté de montrer comment les termes d'éthique et de déontologie ne sont que des tautologies, face à la « morale » sous-jacente.
2. Dans *Éthique, politique et bonheur*, Seuil, 1983.

Les solutions illusoires : libertinage et fausse transparence. Où il est aussi question de Jean-Paul Sartre et de Victor Hugo

1. Belfond, 2002.

Les belles tentatives

1. Cf. Robert Misrahi, *Lumière, commencement, liberté*, Plon, 1969, Seuil, 1996.
2. Cf. Ruysbroeck, *Œuvres choisies*, introduction par J.-A. Bizet, Aubier-Montaigne, 1946.
3. Quant à la « persévérance jusqu'à la mort », c'est-à-dire la persévérance dans l'être, on peut se demander, *cum grano salis*, si le Hollandais Spinoza n'a pas lu le Flamand Ruysbroeck.

4. Julia Kristeva, *Histoires d'amour*, Denoël, 1983.

5. Cf. René Nelli, *L'Érotique des troubadours*, Privat, 1963 ; Jean Dufournet, *Anthologie de la poésie lyrique française des XIIe et XIIIe siècles*, Gallimard, 1989 ; Pierre Belperron, *La Joie d'amour*, Plon, 1948.

6. « La chambre aura pour garniture le ciel pour celui et celle qui éprouveront une vive jouissance. Dis-lui qu'elle s'est sentie sous lui avec un doux débat plein de délices. Va et dis-lui qu'au matin il soit ici, que sous un pin, moi sous lui, nous mettrons fin à ce malentendu. » (Marcabru, dans le message d'une Dame à son amant volage qu'elle désire retrouver. Cité par Pierre Belperron, *op. cit.*, p. 111.)

7. *In* Pierre Belperron, *op. cit.*, p. 127.

8. Marcabru écrit : « Pour cela je porte colère et chagrin quand j'entends dire à la gent déloyale qu'Amour trompe et trahit celui qu'Amour [sensuel] renie. Cette gent ment car le bien-être des amoureux consiste en Joie, Patience et Mesure. » (Cité par Pierre Belperron, *op. cit.*, p. 129.) L'idée est centrale dans toute la littérature, de langue d'oc ou des trouvères : l'amour véritable n'est pas l'amour sensuel. Si la sensualité est absente, l'amour vrai n'en est ni condamné ni diminué. Et le poète poursuit : « Car Amour a signification d'émeraude et de sardoine ; il est de joie cime et racine... »

9. Bernard de Ventadour écrit : « Il est vraiment mort celui qui ne sent plus dans son cœur la douce saveur de l'amour. Que vaut la vie sans l'amour ? Qu'est-elle sinon un ennui pour les autres ? » (Cité par Pierre Belperron, *op. cit.*, p. 162.) Et encore : « Mon cœur déborde de tant de joie que tout me paraît changé dans la nature. Je ne vois dans l'hiver que des floraisons blanches, rouges et jaunes » (*Ibid.*, p. 163).

10. Comme chez Geoffroy Rudel.

11. Comme Aliénor d'Aquitaine.

12. Bernard de Ventadour écrit, dans la chanson XLIII : « II. Hélas combien je croyais savoir d'amour

[...]. Elle m'a pris mon cœur, elle m'a pris moi-même, elle m'a pris le monde, puis s'est elle-même dérobée à moi, ne me laissant rien que mon désir et mon cœur assoiffé... / III. Oui je me suis perdu comme se perdit le beau Narcisse en la fontaine. / IV. De toutes les femmes je désespère [...] aussi je les crains toutes et de toutes je me méfie, car je sais qu'elles sont toutes les mêmes. » (Cité par Pierre Belperron, *op. cit.*, p. 165.)

13. Pour certains critiques (comme Frédéric Weiss), c'est même l'amour mystique qui inspire l'amour de Mariana pour l'officier français.

14. Elle n'aura pas d'autre amant et ira rejoindre sa famille.

15. La critique a parfois émis l'hypothèse que le véritable auteur des *Lettres de la religieuse portugaise* était Racine.

16. Préface de *Bérénice*.

17. Au sens littéraire des XVIIe et XVIIIe siècles.

18. Nigel Nicolson, *Portrait d'un mariage*, Stock, 1974.

19. *Ibid.*, p. 10.

20. Et nous n'avons pas parlé d'Héloïse et Abélard, ni de Dante et Béatrice, ni de Shakespeare et son théâtre, ni de Novalis et Sophie. Mais si la castration, l'assassinat et la mort d'une enfant existent certes, ils ne sont pas constitutifs de l'amour. Et l'amour et la fidélité de Dante pour Béatrice sont bien connus.

Une autre théorie du sujet, du Désir et de la liberté

1. Cf. « Analyse d'une phobie chez un petit garçon de cinq ans (le petit Hans) », *in* Freud, *Cinq psychanalyses*, PUF, 1954. Remarquons que l'enfant n'a pas été directement analysé par Freud. Celui-ci a analysé les symptômes avec le père de l'enfant.

L'exaspération et la conversion

1. Spinoza, *Éthique*, IV, 45, scolie, traduction Robert Misrahi, PUF, 1990, Éditions de l'Éclat, 2005, Le Livre de Poche, 2011.
2. Id., *Ibid.*, III, 9, scolie.

Les solutions véritables : la conversion au bonheur

1. On peut évoquer à nouveau, si l'on veut, Sartre et Simone de Beauvoir, et la doctrine de la « transparence », mais, dans cette question de l'amour, ils ne se sont jamais référés ni au bonheur ni à la conversion.
2. Le beau film de François Truffaut, *Jules et Jim*, avec Jeanne Moreau, illustre bien la situation inverse, avec une femme et deux hommes.

L'amour tout autre

1. Cette expression est reprise du cordonnier-philosophe, poète et mystique, Jacob Böhme.
2. Robert Misrahi, *Les Actes de la joie*, PUF, 1987, Encre marine, 2010.

La délectation érotique

1. François Solesmes, *De la caresse*, Phébus, 1989. C'est un livre admirable. La phrase citée est volontairement dépassée par la suivante : « [...] cette défaite en pleine gloire que j'oublierai dès qu'à nouveau m'aveuglera le sel renaissant » (p. 46).

Table des matières

Préface de Michel Onfray
La volonté de jouissance 7

Introduction
Autobiographie et signification
de l'érotique 17

**L'éthique de la joie contre la morale
du devoir** 23

**L'obstacle ordinaire et les relations
désastreuses** 39
    Lassitude sexuelle, domination, jalousie... :
    vers l'échec amoureux 40
    Le danger de la méconnaissance 51
    Le malentendu 55
    La trahison 58
    Le carcan des institutions 62

**Les solutions illusoires :
libertinage et fausse transparence**
Où il est aussi question de Jean-Paul Sartre
et de Victor Hugo 75
    La transparence 78
    Le mariage polygame 84

Les belles tentatives 89
   Le grand amour mystique 90
   L'amour parfait et la joie d'amour
   (le *fin'amor* et la *joï*) 101
   Les renoncements fidèles :
   la religieuse portugaise,
   Bérénice et la Princesse de Clèves 110
   L'audace intelligente : Vita Sackville-West
   et son cercle 122

**Une autre théorie du sujet, du Désir
et de la liberté** 127

L'exaspération et la conversion 139
   La conversion comme rupture 141
   La conversion comme retournement
   et renversement 143
   Le pouvoir d'invention 147
   La conversion réciproque à la réciprocité 148
   La jouissance du monde 154
   Autonomie, réciprocité, jouissance 156

**Les solutions véritables : la conversion
au bonheur** 159
   L'amour fidèle 161
   L'amour philosophe 164
   L'amour secret 169

L'amour tout autre 187
   L'amour tout autre : une renaissance 189

La délectation érotique 201

Conclusion 211
Notes 215

11009

Composition
NORD COMPO

*Achevé d'imprimer en Espagne
par CPI (Barcelone)
le 11 janvier 2015*

Dépôt légal janvier 2015
EAN 9782290102251
OTP L21EPLN000710N001

ÉDITIONS J'AI LU
87, quai Panhard-et-Levassor, 75013 Paris

Diffusion France et étranger : Flammarion